재무관리

Financial Management

혼자 시작하기 2판

저자 : 이의경

經文社

제2판 머리말

이 책은 책의 제목 『재무관리, 혼자 시작하기』에서 보듯이 재무관리 공부를 혼자 시작할 수 있도록 기획한 입문서라고 할 수 있다. 시중에 재무관리 입문서들이 많지만 이 책은 다음과 같은 두 가지 점에서 기존의 입문서들과 차이가 있다.

첫째, 대부분의 재무관리 입문서들이 많은 주제를 기초적 수준에서 다루고 있는데 비해서 이 책은 중요한 주제들만 골라서 깊이 있는 수준으로 다루었다. 둘째, 이들 주제를 유기적으로 연관시켜서 현재가치 개념으로 일관되게 설명하였다. 이 책의 특징에 대한 더 자세한 설명은 제1판 머리말을 참조하기 바란다.

이번의 제2판은 제1판에 약간의 내용을 추가하고 논리가 축약된 부분에 설명을 보충하였다. 따라서 제1판과 비교해서 크게 달라진 것은 없다. 그리고 각 장 말미에 종합예제를 추가해서 본문에서 다룬 내용을 전체적으로 이해하는데 도움이 되도록 하였다. 본문에서 충분하게 설명하지 못하거나 놓칠 수 있는 내용을 종합예제에서 확인할 수 있을 것이다.

이 책은 재무관리를 처음 시작하지만 나중에 심화된 수준으로 공부할 계획을 갖고 있는 독자들에게 좋을 것으로 생각한다. 재무관리는 한 번 봐서 쉽게 이해할 수 있는 내용이 아니다. 그러므로 이 책의 의도에 따라 입문단계에서 개념적 틀을 다진다면 다음 단계의 본격적인 공부에서 더 큰 효과를 볼 수 있다고 믿는다.

그리고 경문사 홈페이지의 공지사항을 확인하여 보면 필자가 직접 이 책으로 대학특강을 한 강의파일을 다운받을 수 있으니 활용하기 바란다.

2016년 9월

이 의 경

머리말

대개의 재무관리 입문서들은 여러 가지 내용을 골고루 소개하고 있다. 약 20여 개의 장으로 구성된 주제를 거의 비슷한 깊이로 다룬다. 그리고 이들 주제에는 재무이론의 줄기는 물론 가지까지도 포함되어 있다. 이러한 입문서들은 재무관리에서 어떤 내용들이 다루어지는가를 조금씩 맛보려는 독자들에게는 적합할 수 있겠으나 이후에 본격적으로 깊이 있게 공부하려는 독자들에게는 큰 도움이 되지 않는다.

이러한 상황에서 필자는 항상 다음 단계에서 공부할 더 높은 수준의 내용을 염두에 두고 이와 연계해서 공부할 수 있는 입문서가 필요하다고 생각해왔다. 즉, 재무이론의 줄기에 해당하는 주제만으로 그 범위는 좁히고 깊이를 더해서 다루는 것이다. 그리고 이 주제들을 하나의 개념으로 설명하여 서로 간의 유기적 연관성을 이해할 수 있도록 하는 것이다. 이러한 입문서가 다음 단계의 본격적인 공부에 훨씬 도움이 될 것이기 때문이다.

필자는 이러한 의도를 반영하여 이 책의 특징을 다음과 같이 꾸몄다.

첫째, 재무이론의 줄기를 중심으로 다루었다. 즉, 잔가지는 쳐내고 재무이론의 전체를 구성하는 큰 줄기를 중점적으로 설명하였다. 처음 공부할 때에는 줄기와 가지를 구별하지 못하는 상태에서 가지에 매달리다가 줄기를 놓쳐 시간과 노력을 낭비하는 경우가 많기 때문이다. 어차피 재무관리는 한 번 읽어서 쉽게 이해할 수 있는 내용이 아니다. 따라서 재무이론의 줄기를 튼튼히 하고 난 후에 본격적인 공부를 통해서 살을 붙이는 것이 결과적으로는 더 효율적이라고 생각한다.

둘째, 책의 분량은 적지만 깊이 있게 설명하였다. 앞서 말한 대개의 입문서들은 그 특성상 깊이보다는 폭을 취하기 때문에 많은 개념들을 나열식으로 다루는 경우가 많다. 굳이 비교한다면 이 책은 이러한 입문서들과는 반대의 특징을 갖는다. 즉, 양적인 면에서는 부담 없이 가벼운 마음으로 재무관리 공부를 시작할 수 있도록 10여 개 장으로 분량을 크게 줄였다. 그렇지만 질적인 면에서는 재무이론의 개념적 체계를 잡는데 필요한 내용을 깊이 있게 설명하였다.

셋째, 현재가치개념을 강조해서 설명하였다. 재무이론이 방대하고 복잡한 내용을 다루고 있는 것은 사실이다. 그러나 필자에게 이들 전체를 엮는 개념을 하나만 들라고 하면 주저 없이 '현재가치' 라고 말할 것이다. 그래서 이 책에서는 거의 모든 주제를 현재가치라는 개념으로 논리적 일관성을 유지하고자 노력하였다. 자연스럽게 현재가치를 구성하는 두 가지 요소, 즉 현금흐름과 할인율에 대한 설명이 일관되게 나타난다.

넷째, 쉬운 표현, 간단한 예제와 요약을 이용하였다. 재무관리를 처음 접하는 사람들에게는 낯선 용어나 표현들이 부담이 될 수 있다. 따라서 최대한 이를 쉽게 나타내려고 했다. 그리고 예제는 전달내용을 정확하게 반영하면서도 가급적 복잡한 계산과정을 피하여 간단하게 만들었다. 또한 각 장이 끝날 때마다 그 내용을 간단하게 요약하였다. 가장 핵심적인 내용만을 요약하였으므로 이것들만 훑어보아도 전체 개념을 파악하는데 도움이 될 것이다.

책의 제목 **'재무관리, 혼자 시작하기'** 에서 보듯이 이 책은 재무관리를 처음 공부하는 사람이 혼자서 시작할 수 있도록 쓰여진 것이다. 독자들이 **'가볍게 그러나 깊이 있게'** 시작할 수 있도록 하는 것이 이 책을 쓰게 된 동기이다. 따라서 개론수준에서 그치지 않고 CPA, CFA 등 재무관련시험이나 대학원 진학까지 염두에 두고 있는 사람들이 이 책으로 재무관리를 시작한다면 다음 단계의 본격적인 공부에서 큰 도움이 될 것이라고 믿는다. 그리고 이후의 본격적인 공부를 하는 과정에서도 이 책을 옆에 놓고 가끔씩 꺼내어 읽어보면 개념의 틀을 정리하는 데에 유용할 것으로 생각된다.

2006년 6월

이 의 경

주요 차례

차 례

제1부 현재가치

제 1 부

현재가치

Financial Management

01

재무관리의 개요

Financial Management

재무관리란 자금을 조달하고 이를 운용하는 데에 필요한 이론과 기법을 다루는 학문이다. 기업의 자금조달과 운용내역은 대차대조표를 보면 쉽게 알 수 있다. 대차대조표의 차변은 자금의 운용내역을, 대변은 자금의 조달내역을 나타내고 있기 때문이다. 그리고 손익계산서에서는 재무관리의 목표에 적합한 이익개념을 찾을 수 있다. 자기자본가치극대화를 목표로 한다면 자기자본가치를 결정하는 순이익이 중요하겠지만 재무관리에서는 기업가치극대화를 목표로 하기 때문에 기업가치를 결정하는 영업이익을 중요한 분석대상으로 하게 된다.

1 기초개념

넓은 의미로 재무관리(finance)란 자금을 조달하고 이를 운용하는 데에 필요한 이론과 기법을 다루는 학문이라고 할 수 있다.

이러한 재무관리는 크게 기업재무, 투자론, 금융기관경영론의 세 가지 영역으로 구분된다. 기업재무(corporate finance)란 기업의 관점에서 자금을 조달하여 생산설비를 구입하거나 공장을 건설하는 등의 문제를 다루는 영역이다. 좁은 의미로 재무관리라고 하면 기업재무를 일컫는다.

그리고 투자론(investments)은 투자자의 관점에서 주식, 채권 등 증권투자와 관련된 문제를 다루는 영역이다. 주로 여기서는 증권의 균형가격을 구할 수 있는 가격결정모형을 공부하게 된다. 만약 이렇게 구한 균형가격보다 시장가격이 더 낮으면 증권을 매입하게 되므로 균형가격은 증권투자의 기준이 된다.

끝으로 금융기관경영론(financial institutions management)은 금융기관의 관점에서 자금조달과 운용을 다루는 영역이다. 자금조달의 방법으로 예금을 받고 이를 운용하는 방법으로 대출을 하면서 은행의 가치를 높일 수 있는 관리기법을 공부하게 된다.

그러나 이들 세 영역은 그 내용이 서로 연관되어 있기 때문에 획일적으로 구분하기는 쉽지 않다.

그림 1.1
대차대조표

대차대조표

	차변	대변	
자금운용 (자본예산)	유동자산	부 채	자금조달 (자본구조)
	고정자산	자 본	
	자산총계	부채 · 자본총계	

재무관리의 기능 2

2.1 대차대조표

재무관리(기업재무)의 기능은 대차대조표를 통해서 쉽게 설명할 수 있다. 대차대조표(B/S : balance sheet)는 일정 시점의 재무상태를 나타내는 재무제표이다.

[그림 1.1]에서 보듯이 대차대조표의 왼쪽인 차변은 재고자산, 기계장치, 토지, 건물 등 기업이 보유하고 있는 자산을 표시하고 있다. 이는 기업이 자금을 어떻게 운용하고 있는가를 나타낸다.

그리고 대차대조표의 오른쪽, 즉 대변은 이러한 보유자산을 취득하기 위해서 어떤 형태로 자금을 조달했는가를 나타낸다. 구체적으로 대변은 부채와 자본으로 구성되는데 부채가 많으면 자산을 취득하는 과정에서 채권자에게 빌린 돈이 많이 사용되었다는 뜻이고, 자본이 많으면 자산을 취득하는 과정에서 주주가 출자한 돈이 많이 사용되었다는 뜻이다.

2.2 투자결정과 자본조달

(1) 차변 = 투자결정

대차대조표의 차변은 기업이 보유하고 있는 자산을 나열하고 있는데 이는 기업이 자금을 어떻게 운용하고 있는가를 보여주는 것이다. 자금의 운용이란 곧 투자결정과 같은 의미이다. 이러한 자금운용(투자결정)의 목표는 수익률을 최대화하는 데에 있다.

예를 들어서 투자목적으로 땅을 산다고 하자. 어떤 땅을 사야 할까? 물론 값이 오를 것으로 예상되는 땅을 사야 할 것이다. 그 중에서도 제일 값이 많이 오를 것 같은 땅을 사야 할 것이다. 기업의 자금운용목표가 수익률 최대화에 있다는 것은 바로 이런 것을 말하는 것이다.

재무관리의 내용을 크게 전반부와 후반부로 구분한다면 전반부에서는 투자결정이론을 공부한다. 특히 건물, 기계장치 등과 같이 투자금액이 크고 투자효과도 장기간에 걸쳐서 나타나는 실물투자와 관련된 의사결정기법을 자본예산(capital budgeting)이라고 한다. 제3장, 제4장, 제9장에서 이러한 내용을 다룰 것이다.

(2) 대변 = 자본조달

대차대조표의 대변은 기업이 자산을 구입(투자)하기 위해서 필요한 자금을 어떻게 조달하였는가를 보여준다. 자금을 조달하는 방법은 부채와 자본의 두 가지가 있다. 부채는 금융기관으로부터 차입하거나 회사채를 발행하여 자금을 조달하는 것인데 자금을 사용하는 대가로 이자를 지급해야 한다. 자본은 주식을 발행하여 자금을 조달하는 것으로서 그 대가로 배당을 지급해야 한다. 그러면 어떤 방법으로 자금을 조달하는 것이 좋을까? 그 목표는 자본사용의 대가로 지급하는 자본비용을 최소화하는 데에 있다.

위의 예와 같이 땅을 산다고 하자. 이때에 필요한 돈은 어디서 조달할까? 갖고 있는 돈이 충분하지 않다면 은행에서 빌릴 것이고 은행 중에서도 이자율이 가장 낮은 은행에서 빌릴 것이다. 이것이 자본비용 최소화를 목표로 자금을 조달하는 것이다.

재무관리의 후반부에서는 자본비용을 최소화하면서 자금을 조달하는 방법을 공부한다. 주식발행으로 자금을 조달하는 것이 유리할 때도 있고 은행차입과 같은 부채사용이 유리할 때도 있다. 부채를 사용할 때에도 어느 정도의 부채를 사용하는 것이 좋을까를 고민해야 한다. 이와 관련된 분석기법을 자본구조이론(capital structure theory)이라고 하는데 제7장, 제8장, 제9장에서 관련된 내용을 다룰 것이다.

3 재무관리의 목표

3.1 손익계산서

손익계산서(I/S : income statement)는 일정기간 동안의 기업의 경영 실적을 보여준다. 구체적으로는 수익에서 비용을 차감하여 이익을 산출한다. 그런데 회계학에서는 정해진 회계기준에 적용해서 손익계산서를 작성하고 여기서 나타난 순이익을 중요한 분석대상으로 삼는다.

그러나 재무관리에서는 이러한 회계상의 순이익보다는 현금흐름을 더 중요하게 생각한다. 왜냐하면 순이익이란 회계기준이 바뀌면 그 값이 달라질 뿐만 아니라 기업이 실제로 종업원에게 임금을 지급하거나 원재료를 구입하는 등 경영활동에 필요한 것이 현금이지 회계상의 순이익이 아니기 때문이다.

이러한 이유로 재무관리에서는 현금흐름을 기준으로 작성된 손익계산서를 이용하는 경우가 많다. 다음 [그림 1.2]의 손익계산서가 현금흐름을 기준으로 작성된 것이라고 하자. 영업수익은 매출액을 나타내고 영업비용은 매출원가와 판매관리비 등을 포함한 것이다. 영업수익에서 영업비용을 차감하면 영업이익이 된다. 그리고 여기에서 이자를

그림 1.2
손익계산서

손익계산서

손익계산서
영업수익
−영업비용
영업이익
−지급이자
순이익

차감하여 순이익이 산출된다.[1)]

3.2 기업가치극대화

위에서 제시된 손익계산서의 항목들을 대차대조표의 부채, 자본과 연관시켜보자. 손익계산서에서의 이자는 부채를 제공한 채권자가 가져가는 것이고, 남은 순이익은 자본을 제공한 주주가 가져가는 것이다. 따라서 이자는 부채(타인자본)가치에 영향을 주고 순이익은 자본(자기자본)가치에 영향을 준다. 그러므로 순이익에 관심을 갖고 이를 크게 만들려는 것은 자기자본가치의 극대화를 목표로 하는 것이라고 할 수 있다.

그런데 재무관리에서는 주주가 가져가는 순이익뿐만 아니라 채권자에게 지급할 이자까지 전체적으로 관리해야 한다고 본다. 따라서 경영자는 순이익과 이자의 합계인 영업이익에 관심을 가져야 한다. 이는 결국 타인자본과 자기자본의 합계로 산출되는 자산가치를 극대화하는데 목표를 두어야 한다는 뜻이다. 그리고 자산가치는 기업가치와 같은 것이므로 기업가치의 극대화가 재무관리의 목표가 된다.

1) 내용을 단순하게 하기 위해서 일단 여기서는 법인세가 없다고 하자. 법인세 문제는 나중에 다룰 것이다.

요약하면 재무관리에서는 그 목표를 기업가치극대화에 두고 영업이익에 해당하는 현금흐름을 중요한 분석대상으로 한다는 것이다. 차차 공부하면서 알게 되겠지만 앞으로 설명할 재무기법들은 거의 이러한 관점에서 접근하고 있다.

예제 1-1

가나기업의 영업수익은 20억원이고 영업비용은 16억원이다. 자산총액은 25억원이고 부채는 10억원이다. 단, 부채의 이자율은 10%이다.

(1) 기업가치극대화에 목표를 두고 있는 경영자가 관심을 갖는 이익은 무엇이고 얼마인가?

(2) 주주의 입장만을 중시하는 경영자는 어떤 이익에 관심을 갖는가? 그리고 그 금액은 얼마인가?

(3) 이 기업은 어떤 형태로 자금을 조달하고 있는가? 즉, 자본구조를 나타내는 부채비율은 얼마인가?

풀이

(1) 기업가치(부채와 자본의 합계)를 결정하는 현금흐름은 영업이익이다. 따라서 다음의 손익계산서에서 보듯이 영업수익에서 영업비용을 차감한 4억원(= 20 − 16)이다.

(2) 주주가 출자한 자기자본의 가치는 순이익에 의해서 결정된다. 그런데 채권자에게 지급되는 이자비용은 1억원(= 10억 × 10%)이므로 순이익은 영업이익에서 지급이자를 차감한 3억원(= 4 − 1)이 된다.

(3) 자산이 25억원이고 부채는 10억원이므로 자본은 15억원이 된다. 즉, 채권자에게 10억원을 빌리고 주주가 15억원을 출자하여 자금을 조달한 것이다. 부채비율은 자본 대비 어느 정도의 부채를 사용하고 있는가를 나타내는 비율로서 부채를 자본으로 나누어 산출한다. 이는 기업의 자금조달형태(자본구조)를 나타내는 대표적인 비율로서 나중에 자본구조이론에서 자주 이용된다. 따라서 여기서는 66.67%($= \frac{10}{15} \times 100$)이다.

앞서와 같은 내용이 반영된 가나기업의 손익계산서와 대차대조표를 제시하면 다음과 같다.

손익계산서

영업수익	20
영업비용	16
영업이익	4
지급이자	1
순이익	3

대차대조표

자 산	25	부 채	10
		자 본	15
자산총계	25	부채 · 자본총계	25

제1장 | 재무관리의 개요

요약

1. 재무관리는 자금의 조달과 운용에 관한 이론이다.
2. 자금운용 측면에서는 투자결정이론으로 자본예산을, 자금조달 측면에서는 자본구조이론을 공부한다.
3. 재무관리의 목표는 기업가치극대화이다.
4. 기업가치를 결정하는 것은 순이익이 아니라 영업이익에 해당하는 현금흐름이다.

02

화폐의 시간적 가치

Financial Management

현금흐름은 똑같은 금액이라고 해도 어느 시점에서 평가하느냐에 따라서 그 가치가 달라진다. 이렇게 평가시점을 반영하여 산출한 가치를 화폐의 시간적 가치라고 한다. 화폐의 시간적 가치는 재무관리를 이해하는데 가장 기본이 되는 개념이다. 이는 크게 미래가치와 현재가치로 구분되는데 특히 현재가치에 대한 내용은 매우 중요하다. 재무관리에서는 현재가치개념을 이용하여 모든 자산의 균형가격을 산출하고 이를 투자여부를 판단하는 기준으로 삼기 때문이다.

1 기초개념

"지금의 100만원과 내년의 100만원 중 어느 것이 좋은가?"라고 묻는다면 누구나 지금의 100만원을 택할 것이다. 그 이유는 지금의 100만원이 내년에 들어 올 100만원보다 더 가치가 크다고 생각하기 때문이다. 즉, 똑같은 금액이라도 어느 시점에서 평가하느냐에 따라서 그 가치가 다르게 평가된다. 이렇게 평가시점을 고려해서 산출한 가치를 화폐의 시간적 가치(*TVM* : Time Value of Money)라고 한다. 화폐의 시간적 가치에 대한 개념은 재무이론의 거의 모든 분야에서 적용되는 매우 중요한 개념이다.

화폐의 시간적 가치에는 현재금액을 미래시점에서 평가하는 미래가치와 반대로 미래금액을 현재시점에서 평가하는 현재가치가 있다. 차례대로 살펴보자.

2 미래가치

현재의 100만원을 은행에 예금한다면 1년 후에는 얼마가 될까? 이자율이 10%라고 하면 원금과 이자를 합쳐서 그 금액은 110만원이 될 것이다. 이때에 현재 100만원의 1년 후 미래가치(*FV* : future value)가 110만원이라고 말한다. 그리고 미래가치를 계산하면서 적용하는 이자율 10%를 수익률(rate of return)이라고도 부른다.

현금흐름의 유형을 다음과 같이 일시불과 연금의 두 가지 경우로 나누어서 미래가치를 계산해보자.

2.1 일시불의 미래가치

일시불(one payment)이란 한 번의 현금흐름을 말한다. 따라서 일시불의 경우 미래가치란 현재의 일정금액을 미래시점 기준으로 평가해서 산출한 가치를 말한다. 이것은 현재의 일정금액을 정기예금에 들고 만기에 받게 되는 원리금을 계산하는 것이라고 생각하면 이해가 쉽다.

먼저 현재의 P_0원이 1년 후에는 얼마가 되는지 보자. 이자율을 R이라 하면 P_0을 1년 동안 예금하여 받는 금액 P_1은 다음과 같다.

$$\begin{aligned} P_1 &= \text{원금} + \text{이자} \\ &= P_0 + P_0 \times R \\ &= P_0(1+R) \end{aligned}$$

따라서 현재 P_0원의 1년 후 미래가치는 $P_0(1+R)$원이 된다. 예를 들어, 100원을 1년간 10%의 이자율로 예금하였다면 110원(= 100(1 + 0.1))이 될 것이므로 현재 100원의 1년 후 미래가치는 110원이 된다.

이번에는 P_0원의 2년 후 미래가치를 구하기 위해 P_0를 2년간 예금하는 경우를 생각해 보자. P_0원을 1년간 예금하면 P_1원이 되므로 이를 다시 1년 더 예금한다고 생각하면 2년 후의 미래가치 P_2를 구할 수 있다.

$$\begin{aligned} P_2 &= \text{원금} + \text{이자} \\ &= P_1 + P_1 \times R \\ &= P_1(1+R) \\ &= P_0(1+R)^2 \end{aligned}$$

따라서 현재 P_0원의 2년 후 미래가치는 $P_0(1+R)^2$원이 된다. 위에서 이자율이 10%인 경우 현재의 100원은 1년 예금하면 110원이 된다고 하였는데 이를 다시 1년간 예금하면 121원(= 110(1 + 0.1))이 되므로 현재 100원의 2년 후 미래가치는 121원이 된다.

이러한 논리는 임의의 n시점까지 계속 반복될 수 있다. 이자율(R)이 일정하다고 가정하면 현재 P_0원의 n시점의 미래가치 P_n은 다음과 같은 식으로 계산된다.

$$P_n = P_0(1+R)^n \qquad [식\ 2.1]$$

위의 [식 2.1]은 만기가 될 때까지 중간에 이자를 찾지 않고 재투자한다는 전제하에 계산하는 것인데 이러한 계산과정을 복리계산(compounding)이라고 한다. 그래서 미래가치를 복리가치(CV : compound value)라고도 부른다.

예제 2-1

이자율이 연 10%라고 하자. 현재 100만원을 예금하고 1년 후에 찾는다면 얼마가 되는가? 또 3년 후에 찾는다면 얼마가 되는가?

풀이

(1) 1년 후 찾게 되는 원리금은 1년 후의 미래가치로서 다음과 같이 계산된다.

$$100만원 \times (1+0.1) = 110만원$$

(2) 그리고 3년 후 미래가치는 다음과 같이 계산된다.

$$100만원 \times (1+0.1)^3 = 133.1만원$$

이러한 내용을 그림으로 보이면 다음과 같이 나타낼 수 있다.

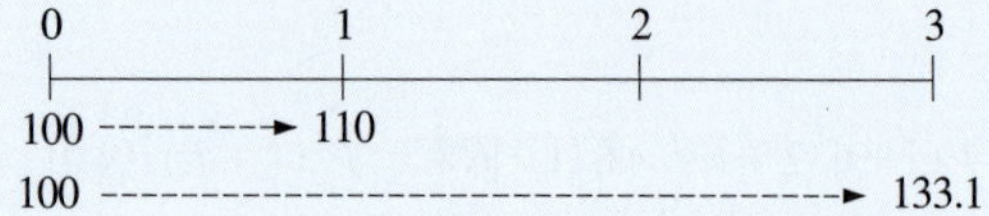

〈일시불의 미래가치〉

2.2 연금의 미래가치

연금(annuity)이란 일정기간 동안 매년 말에 동일한 금액을 수령하는 것을 말한다. 그리고 연금의 최종수령시점에서 이러한 현금흐름의 총가치를 계산한 값을 연금의 미래가치라 한다. 이것은 정기적금을 들고 매번 일정금액씩 불입하다가 만기에 받게 되는 원리금의 구조와 같다고 생각하면 이해하기가 쉽다.

먼저 연금의 미래가치를 구하기 위해서 매년 말에 C원씩 n년간 불입하는 현금흐름을 생각해 보자. 이자율은 매년 R로 일정하다고 가정한다.

올해 말에 현금 C를 불입해서 n시점까지 가면 그 기간은 $(n-1)$년이 된다. 따라서 올해 말에 불입한 현금 C의 n시점에서 가치는 $C(1+R)^{n-1}$이 된다. 또한 내년 말에 불입하는 현금 C는 n시점까지 $(n-2)$년간 예금하는 것이므로 n시점의 미래가치는 $C(1+R)^{n-2}$가 되며 이후 불입하는 현금흐름에 대한 미래가치도 같은 방법으로 구할 수 있다.

그런데 연금이란 위와 같은 현금흐름전체를 말하는 것이다. 따라서 n시점을 기준으로 산출한 연금의 미래가치 S_n은 매년 말 불입한 금액 C들을 n시점에서 평가하여 모두 더한 값이다. 이를 식으로 나타내면 다음과 같게 된다.

$$S_n = C(1+R)^{n-1} + C(1+R)^{n-2} + \cdots + C(1+R)^1 + C$$

위 식의 구성항목들을 반대로 배열하면 다음과 같다.

$$S_n = C + C(1+R)^1 + C(1+R)^2 + \cdots + C(1+R)^{n-1}$$

이는 초항이 C이고 공비가 $(1+R)$, 항의 개수가 n개인 등비수열의 합이므로 다음과 같은 식으로 정리할 수 있다.

$$S_n = C\left[\frac{(1+R)^n - 1}{R}\right] \qquad \text{[식 2.2]}$$

예제 2-2

현재 연이자율은 10%이다. 3년 동안 매년 말에 100만원씩을 예금하면 3년 후 미래가치는 얼마가 되는가?

풀이

위의 식을 이용해서 계산하면 다음과 같다.

$$S_3 = 100\text{만원} \times \left[\frac{(1+0.1)^3 - 1}{0.1}\right] = 331\text{만원}$$

또는 다음과 같은 그림으로 나타내서 3년 후 미래가치를 구할 수도 있다.

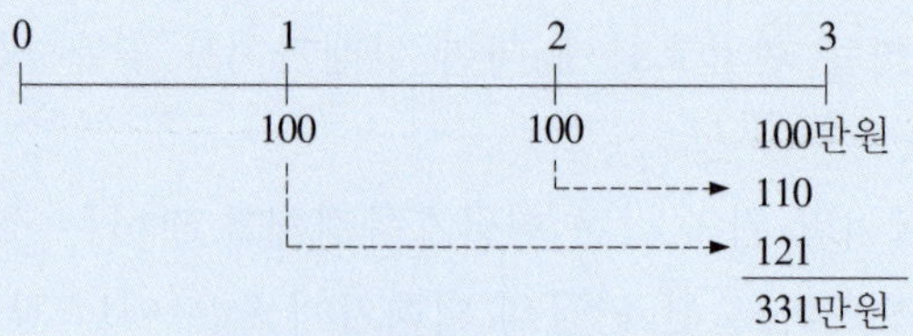

〈연금의 미래가치〉

3 현재가치

이제부터는 현재가치에 대해서 살펴보자. 현재가치(*PV* : present value)란 미래에 발생할 현금흐름을 현재시점에서 평가한 값을 말한다.

만약 1년 후에 받을 110만원이 있다면 그 현재가치는 얼마일까? 이자율이 10%라면 현재시점에서 100만원을 빌려 쓸 수 있다. 왜냐하면 빌린 원금 100만원과 이에 대한 이자 10만원을 합쳐서 110만원을 상환해야 하는데 1년 후에 받을 110만원으로 상환하면 되기 때문이다. 따라서 1년 후의 110만원은 이자율이 10%라고 할 때에 그 현재가치는 100만원이 되는 것이다. 간단한 예이지만 이는 앞서의 미래가치에 대한 설명과 반대의 논리가 적용된 것임을 알 수 있을 것이다.

재무이론에서는 미래가치보다 현재가치개념이 훨씬 중요하다. 그 이유는 재무이론에서 거의 모든 의사결정이 현재가치개념에 의존해서 이루어지기 때문이다. 따라서 재무이론에서 가장 중요한 개념을 하나만 들어보면 '현재가치' 라고 할 수 있다.

우선 일시불과 연금으로 구분해서 현재가치를 계산하는 과정을 살펴보자.

3.1 일시불의 현재가치

일시불의 현재가치란 미래 일정시점에서 발생할 한 번의 현금흐름을 현재시점에서 평가한 값을 말한다. 앞서 간단하게 설명했듯이 현금흐름의 현재가치를 구하는 과정은 미래가치를 구하는 과정과 역관계에 있다. 우선 1년 후 일시불의 현재가치를 생각해 보자. 1년 후의 P_1을 현재가치 P_0로 바꾸면 다음과 같이 된다.[1)]

$$P_0 = \frac{P_1}{(1+R)}$$

이러한 이유는 $\frac{P_1}{(1+R)}$를 1년간 예금하면 다음과 같이 P_1이 되기 때문이다.

1) 미래가치를 나타내는 식 $P_1 = P_0(1+R)$에서 양변을 $(1+R)$로 나누면 이 식을 구할 수 있다. 이러한 이유에서 현재가치를 구하는 과정은 미래가치를 구하는 과정의 역과정이라 할 수 있다.

$$\frac{P_1}{(1+R)} \times (1+R) = P_1$$

이번에는 2년 후 금액의 현재가치를 생각해 보자. 2년 후의 P_2를 현재가치 P_0로 바꾸면 다음과 같이 된다.

$$P_0 = \frac{P_2}{(1+R)^2}$$

이러한 이유 역시 현재의 $\frac{P_2}{(1+R)^2}$를 2년간 예금하면 다음과 같이 P_2가 되기 때문이다.

$$\frac{P_2}{(1+R)^2} \times (1+R)^2 = P_2$$

이러한 방법을 일반화시키면 임의의 n시점 후의 금액 P_n의 현재가치 P_0는 다음 [식 2.3]으로 계산할 수 있다.

$$P_0 = \frac{P_n}{(1+R)^n} \qquad \text{[식 2.3]}$$

이처럼 미래의 현금흐름에 대해서 그 현재가치를 구하는 과정을 할인(discount)한다고 하며 이때의 이자율을 할인율(discount rate)이라고 부른다.[2)]

그리고 [식 2.3]을 보면 현재가치는 분자의 현금흐름, 분모의 할인율로 구성된 분수값의 구조를 갖는다는 것을 알 수 있다. 그래서 재무관리이론의 대부분이 현금흐름과 할인율을 구하는 내용으로 구성된다.

---

2) 동일한 이자율이라고 해도 미래가치를 계산할 때에는 수익률이라고 부르고, 현재가치를 계산할 때에는 할인율이라고 부른다. 따라서 수익률이나 할인율은 같은 것이라고 할 수 있으므로 혼용하는 경우도 많다.

예제 2-3

만기가 1년 남은 액면금액이 50만원인 채권을 갖고 있다. 이 채권은 만기에 가서 액면금액만 지급하고 중간에 지급되는 이자는 없는 채권이다.

(1) 현재 채권시장의 이자율이 10%이다. 이 채권을 지금 판다면 얼마의 금액을 받을 수 있는가?

(2) 만약 다른 조건은 똑같고 만기까지 남은 기간이 2년인 채권이 있다면 이는 얼마의 현금을 받게 되는가?

풀이

(1) 1년 후 받게 되는 50만원의 현재가치를 구하는 것으로서 다음과 같이 계산된다.

$$\frac{50\text{만원}}{(1+0.1)} = 45.5\text{만원}$$

(2) 그리고 2년 후 만기가 도래되는 채권의 현재가치는 다음과 같이 계산된다.

$$\frac{50\text{만원}}{(1+0.1)^2} = 41.3\text{만원}$$

이러한 내용을 그림으로 보이면 다음과 같이 나타낼 수 있다.

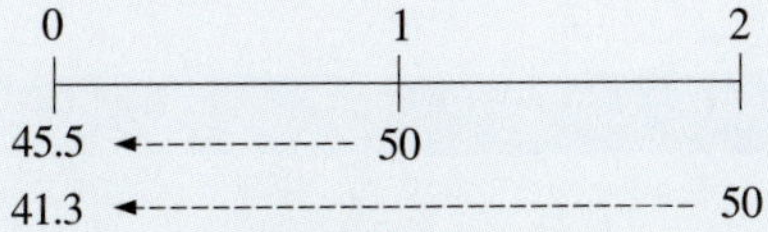

〈일시불의 현재가치〉

3.2 연금의 현재가치

연금의 현재가치는 매년 말의 일정금액들을 현재시점에서 평가한 가치를 말한다. 따라서 매년 말의 일정금액을 각각 현재가치로 계산하여 모두 더하면 된다.

매년 말 똑같은 금액 C가 n년간 지급되는 연금의 현재가치를 구해 보자. 1년 후 C의 현재가치는 $\frac{C}{(1+R)}$ 가 되며, 2년 후 C의 현재가치는 $\frac{C}{(1+R)^2}$ 가 된다. 이러한 논리를 반복하면 임의의 t년 후 C의 현재가치는 $\frac{C}{(1+R)^t}$ 가 되는데 연금의 현재가치 S_0는 이를 모두 합한 값이므로 다음과 같이 계산된다.

$$S_0 = \frac{C}{(1+R)^1} + \frac{C}{(1+R)^2} + \cdots + \frac{C}{(1+R)^n}$$

그런데 이는 초항이 $\frac{C}{(1+R)^1}$이고 공비가 $\frac{1}{(1+R)}$, 항의 개수가 n개인 등비수열의 합이므로 다음과 같이 정리된다.[3)]

$$S_0 = C\left[\frac{(1+R)^n - 1}{R(1+R)^n}\right] \qquad \text{[식 2.4]}$$

이러한 논리가 적용되는 사례는 다음과 같다. 즉, 일정한 기간 동안 매번 동일한 금액으로 받게 되는 연금을 현재시점에서 한 번에 받을 수도 있다면 이때에 한 번에 받는 금액이 바로 연금의 현재가치에 해당하는 것이다.

예제 2-4

앞으로 3년 동안 매년 말에 100만원씩의 연금을 받게 되었다. 이를 현재시점에서 일시불로 받는다면 얼마를 받을 수 있는가? 단, 이자율은 연 10%이다.

---

3) 이것은 [식 2.2]를 일시불로 보고 직접 $(1+R)^n$으로 나누어 할인한 값과도 동일한 것이다.

풀이

앞의 식을 이용해서 계산하면 다음과 같다.

$$S_0 = 100\text{만원} \times \left[\frac{(1+0.1)^3 - 1}{0.1(1+0.1)^3} \right] = 248.6\text{만원}$$

즉, 앞으로 3년 동안 매년 말에 100만원씩의 연금을 받는 것은 현재시점에서 248.6만원을 받는 것과 동일한 것이다. 그리고 이 내용을 그림으로 나타내면 다음과 같다.

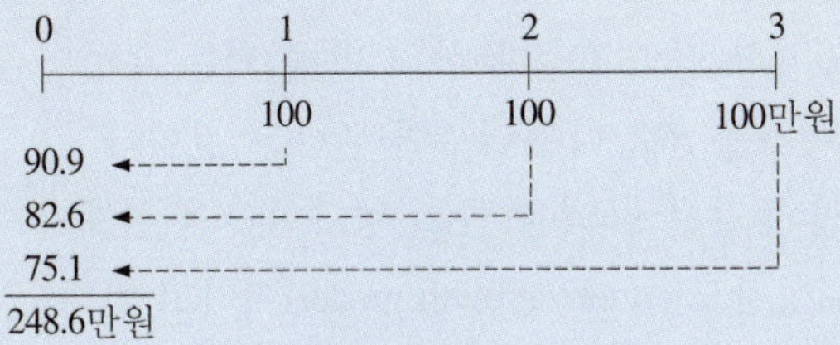

〈연금의 현재가치〉

특수한 현금흐름의 현재가치 4

4.1 연금액이 일정한 경우

영구연금(perpetuity)이란 일정한 금액의 현금흐름이 영원히 계속되는 것을 말한다. 만기는 없고 무한히 이자만 수령하는 형태의 채권을 영구채권(consol)이라고 하는데 영구채권의 경우가 이러한 현금흐름에 해당하는 예이다.

영구연금의 현재가치는 연금의 현재가치를 나타내는 [식 2.4]에서 n을 무한대로 설정해서 구할 수 있다.

또 다른 방법으로는 다음과 같이 표현되는 식에서 초항이 $\frac{C}{(1+R)}$,

공비가 $\frac{1}{(1+R)}$ 인 무한등비급수의 합계로 영구연금의 현재가치 S_0를 구할 수 있다. 어떤 방법을 사용해도 다음과 같은 [식 2.5]를 구할 수 있다.

$$\begin{aligned} S_0 &= \frac{C}{(1+R)^1} + \frac{C}{(1+R)^2} + \frac{C}{(1+R)^3} + \cdots \\ &= \frac{C}{R} \end{aligned} \quad \text{[식 2.5]}$$

도출과정이 좀 복잡해 보일지 모르겠지만 결과식은 매우 단순하다. 즉, 매년 말 동일한 금액 C를 무한히 받게 되는 무한연금의 현재가치는 그냥 C를 이자율 R로 나누어주면 된다는 것이다.

이렇게 매번 똑같은 금액을 받는 영구연금의 현재가치를 산출하는 [식 2.5]를 제로성장모형(zero growth model)이라고 한다. 연금액이 증가하지 않고 일정한 금액이기 때문에 붙여진 이름이다.

예제 2-5

앞으로 매년 말에 10만원씩의 이자가 무한히 지급되는 영구채권이 있다. 시장이자율이 8%라고 할 때 이 채권의 가격은 얼마인가?

풀이

위의 [식 2.5]를 이용해서 계산하면 다음과 같다.

$$\frac{10\text{만원}}{0.08} = 125\text{만원}$$

이는 125만원을 예금한 후 이 예금을 찾지 않는다면 매년 8%에 해당하는 이자 10만원을 영구히 받을 수 있다는 의미와 같은 것이다.

4.2 연금액이 증가하는 경우

그런데 연금액이 증가한다면 현재가치를 산출하는 식이 좀 복잡해진다. 우선 단순하게 연금액이 일정한 비율(g)로 증가한다고 가정하자.

이러한 가정 하에서 첫해 말 현금흐름을 C라고 하면 다음 해에는 $C(1+g)$, 그 다음 해에는 $C(1+g)^2$와 같은 식이 될 것이다. 이러한 영구연금의 현재가치 S_0는 다음과 같은 식으로 표현된다.

$$S_0 = \frac{C}{(1+R)^1} + \frac{C(1+g)}{(1+R)^2} + \frac{C(1+g)^2}{(1+R)^3} + \cdots$$

그런데 이 식의 값은 초항이 $\frac{C}{(1+R)}$, 공비가 $\frac{(1+g)}{(1+R)}$인 무한등비급수의 합계이므로 다음과 같은 식으로 정리할 수 있다.

$$S_0 = \frac{C}{R-g} \qquad \text{[식 2.6]}$$

위와 같이 무한등비급수의 합이 특정한 값으로 존재하려면 공비가 −1부터 1사이의 값을 가져야 하므로 $g<R$이어야 한다. 즉, 증가율이 할인율보다는 작아야 한다는 것이다. 만약 $g \geq R$, 즉 증가율이 할인율 이상이면 위 식의 값은 무한대가 되기 때문이다.

[식 2.6]은 연금액이 일정한 비율(여기서는 g)로 증가한다고 해서 일정성장모형 또는 항상성장모형(constant growth model)이라고 한다. 또는 이 모형을 제시한 사람의 이름을 따서 고든모형(Gordon model)이라고 부르기도 한다.

예제 2-6

올해 말에 10만원의 배당금을 주고 내년부터는 매년 3%씩 배당금을 증가시켜서 지급하는 주식이 있다. 할인율이 8%라고 하면 이 주식의 가격은 얼마인가?

배당금이 매년 10만원으로 똑같은 주식보다 얼마나 비싼가?

풀이

위의 [식 2.6]을 이용해서 계산하면 다음과 같다.

$$\frac{10\text{만원}}{0.08-0.03}=200\text{만원}$$

매년 똑같이 10만원씩 배당하는 주식의 가치는 다음과 같이 125만원이다.

$$\frac{10\text{만원}}{0.08}=125\text{만원}$$

따라서 75만원(=200 − 125)이 더 비싸다. 이는 매년 3%씩 증가하는 부분의 현재가치라고 할 수 있는데 성장기회의 현재가치(PVGO: present value of growth opportunity)라고 부른다.

재무관리에서는 이와 같은 영구연금의 현재가치를 많이 이용한다. 왜냐하면 기업은 특별한 사유가 없으면 무한히 존재한다고 가정하는데[4] 이러한 경우 기업가치 또는 주식가치를 구할 때에 평가대상이 되는 현금흐름이 모두 무한하기 때문이다.

4.3 불규칙한 현금흐름의 현재가치

시점별로 불규칙하게 발생하는 현금흐름의 경우에는 그 현재가치는 어떻게 구할까? 이는 각 시점별 현금흐름을 개별적으로 할인하여 현재가치를 산출하고 이들을 모두 합산하는 방법밖에 없다. 다만 앞서 공부한 현재가치 산출식들을 주어진 상황에 맞게 사용하면 불편을 덜 수 있을 것이다.

4) 이를 계속기업(going concern)의 가정이라고 한다.

예제 2-7

3년 동안 사용할 수 있는 기계가 있다. 이 기계를 이용하면 1년 후에는 500만원, 2년 후에는 800만원, 3년 후에는 900만원의 현금유입이 예상된다. 이 현금흐름에 대한 할인율이 20%라고 하면 이러한 현금유입의 현재가치는 얼마인가?

풀이

각 시점별로 유입되는 금액이 서로 다르므로 각 현금흐름을 개별적으로 할인해서 구한 값들을 더해서 총 현재가치를 구한다. 이를 계산한 내역은 다음과 같다.

$$\frac{500}{(1+0.2)}+\frac{800}{(1+0.2)^2}+\frac{900}{(1+0.2)^3}=1{,}493\text{만원}$$

즉, 이 기계를 통해서 들어오는 현금흐름의 현재가치는 1,493만원이다. 재무관리에서는 이 값을 이 기계의 균형가치로 본다.

따라서 이 기계가 시장에서 거래되는 가격이 1,493만원보다 낮다면 이 기계를 구입해야 한다. 만약 이 기계의 시장가격이 1,300만원이라면 이 기계를 구입함으로써 193만원(=1,493 − 1,300)만큼의 이익을 얻는 것이다. 나중에 자세히 설명하겠지만 이 내용이 재무관리에서 말하는 실물투자의 결정원리로서 자본예산이라고 한다.

제2장 | 화폐의 시간적 가치

요약

1. 화폐의 시간적 가치에는 미래가치와 현재가치가 있는데 이들을 구하려면 이자율을 알아야 한다.
2. 미래가치를 구하는 것은 복리계산한다고 하고 이때 사용하는 이자율은 수익률이라고 한다.
3. 현재가치를 구하는 것은 할인한다고 하고 이때 사용하는 이자율은 할인율이라고 한다.
4. 현재가치는 분수값의 구조를 갖는데 분자는 미래현금흐름, 분모는 할인율이 된다.
5. 재무관리에서는 현재가치가 특히 중요한데 이는 모든 자산의 균형가격을 구하는 방법이 되기 때문이다.

종합예제

가나기업의 올해 말 1주당 배당금은 2,000원으로 추정된다. 이 기업은 처음 3년간은 할인율 16%를 초과하여 18%씩 성장을 하다가 4년째부터는 6%의 성장을 지속할 것으로 예상된다. 가나기업의 현재 1주당 가격을 산출하라.

풀이

이때 이 기업의 주가를 구하려면 먼저 처음 3년간 배당액의 현재가치를 다음과 같이 산출한다.

$$\frac{2{,}000}{1.16}+\frac{2{,}000\times 1.18}{11.2^2}+\frac{2{,}000\times 1.18^2}{1.16^2}=5{,}262(\text{원})$$

*그리고 $t=3$ 시점의 주가 P_3*를 다음과 같이 구한다.

$$P_3=\frac{D_4}{R-g}=\frac{2{,}000\times 1.18^2\times 1.06}{0.16-0.06}=29{,}519(\text{원})$$

그런데 P_3는 $t=3$ 시점의 가치이므로 다음과 같이 $t=0$ 시점의 현재가치로 할인하여야 한다.

$$\frac{P_3}{(1+R)^3}=\frac{29{,}519}{1.16^3}=18{,}912(\text{원})$$

이제 최종적으로 이 두 값을 더하면 이 주식의 가격이 24,174원으로 결정되는 것이다.

$$P_0=5{,}262+18{,}912=24{,}174(\text{원})$$

이와 같은 과정을 시간선상에 나타내면 다음과 같다.

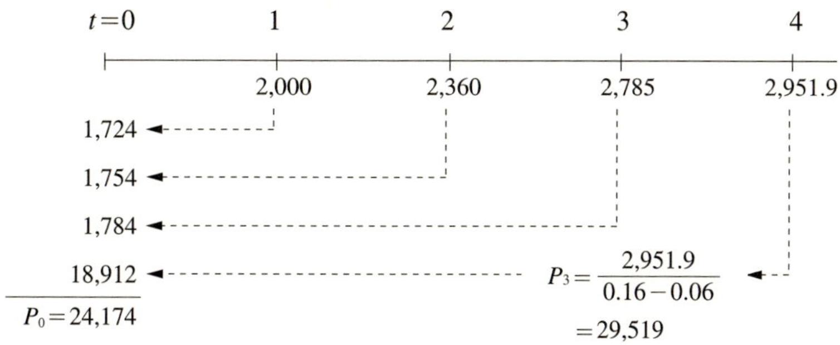

03

현재가치와 균형가격

Financial Management

현재가치는 재무관리 전 분야에 적용되는 중요한 개념이기 때문에 특히 잘 이해해야 한다. 이 장에서는 먼저 현재가치로 산출되는 균형가격과 수요와 공급의 관계에서 결정되는 시장가격이라는 두 가지 개념의 가격을 비교해서 설명한다. 그리고 현재가치개념이 적용되는 대표적인 분야를 실물투자의 결정, 증권가격의 산출, 기업가치의 평가라는 세 가지 주제로 분류해서 먼저 간단하게 살펴본다. 이들 주제는 재무이론의 핵심적 내용이기 때문에 나중에 더 자세하게 다룰 것이다.

1 기초개념

1.1 현재가치의 산출구조

제2장에서 보았듯이 현재가치를 산출하는 것은 분수값을 구하는 것과 같다. 분수값은 분자와 분모로 구성되는데 분자에는 미래의 현금흐름이 들어가고 분모에는 이에 대한 할인율이 들어간다. 따라서 미래에 n회에 걸쳐서 들어오는 현금흐름을 현재가치로 계산하는 식은 다음과 같이 일반화시킬 수 있다.

$$\frac{C_1}{(1+R)^1}+\frac{C_2}{(1+R)^2}+\cdots+\frac{C_n}{(1+R)^n} = \sum_{t=1}^{n}\frac{C_t}{(1+R)^t} \qquad [식\ 3.1]$$

단, C_t : t시점의 현금흐름
R : 할인율

위 식에서 현금흐름(C)을 측정하는 것과 그 현금흐름에 알맞은 할인율(R)을 구하는 것이 재무관리의 중요한 두 가지 과제가 된다.

현금흐름에 알맞은 할인율이란 무엇일까? 이는 현금흐름을 어떻게 측정했느냐에 따라서 달라진다. 먼저 확실성을 기준으로 생각해 보자. 만약 분자의 현금흐름을 확실한 금액으로 측정했으면 분모의 할인율도 확실한 할인율을 이용해서 현재가치를 구한다. 분자의 현금흐름을 불확실한 금액으로 측정했으면 분모의 할인율도 이러한 불확실성을 반영한 할인율을 이용한다. 물가상승을 기준으로 보아도 마찬가지이다. 현금흐름을 명목금액으로 측정하면 할인율도 명목할인율로 이용하고 실질금액으로 측정하면 실질할인율을 이용한다. 이러한 논리는 앞으로도 계속 적용될 것이다.

1.2 균형가격과 시장가격

(1) 균형가격

현재가치개념을 적용하면 어떤 자산의 가치도 산출할 수 있다. 예를 들어 어떤 빌딩의 가치를 구한다고 하자. 그 빌딩이 수명이 다할 때까지 벌어들이는 현금흐름(임대료)을 측정한 후 그에 알맞은 할인율로 현재가치를 구하면 빌딩의 가치가 된다. 이번에는 주식의 경우를 보자. 주식을 보유하면 배당을 받게 되니까 앞으로 예상되는 현금흐름(배당금)을 그에 알맞은 할인율로 현재가치를 구하면 주식의 가치를 구한 것이 된다. 이렇게 현재가치개념을 적용해서 구한 자산의 가치를 균형가격(equilibrium price)이라고 한다.[1)]

재무관리에서 가격결정모형(pricing model) 또는 가치평가이론(valuation theory)이라고 하는 것들은 모두 이러한 균형가격을 구하는 식을 말하는 것이다. 그 식들이 경우에 따라서는 복잡해보이기도 하지만 알고 보면 모두 현재가치개념을 이용한 것들이다.

(2) 시장가격

그런데 앞서 예를 든 빌딩이나 주식이 실제로 시장에서는 얼마로 거래될까? 실제 시장에서 형성되는 가격은 시장가격(market price)이라고 한다. 이 시장가격은 시장의 수요와 공급의 관계에서 결정된다.[2)]

시장가격은 수요가 많으면 오르고 공급이 많으면 내린다. 이렇듯 시장가격은 현재가치개념을 적용한 균형가격과는 다른 원리로 결정된다. 따라서 시장가격은 균형가격과 같을 수도 있고 다를 수도 있다.

균형가격과 시장가격의 결정과정을 그림으로 나타내면 [그림 3.1]

---

1) 이론적 모형을 통해서 구하였다고 해서 이론가격이라고도 한다. 그 외에도 적정가격, 내재가치라고도 하는데 여기서 가격(price)과 가치(value)는 같은 의미이다.

2) 이러한 시장가격을 경제학에서는 수요와 공급이 균형을 이루어 형성된 가격이라고 해서 균형가격이라고 부른다. 경제학의 균형가격은 여기서 말하는 균형가격과는 다른 것이니 혼동하지 않기 바란다.

그림 3.1

균형가격과 시장가격

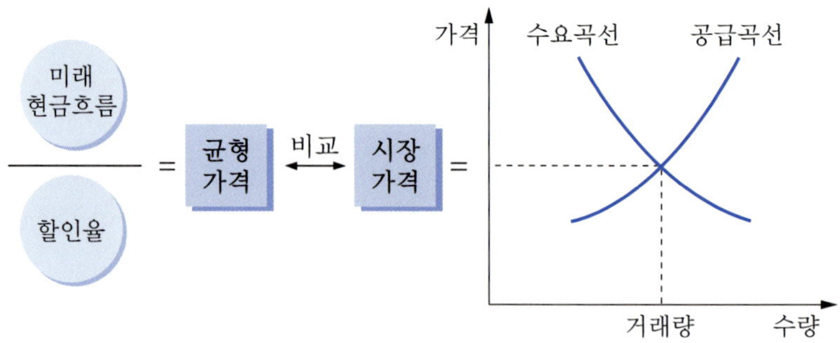

(a) 균형가격 (b) 시장가격

과 같다. 즉, 균형가격은 미래현금흐름을 할인한 현재가치로 결정되고 시장가격은 시장의 수요곡선과 공급곡선이 만나는 수준에서 결정된다.

1.3 시장균형과 차익거래

(1) 균형상태와 불균형상태

어떤 자산의 시장가격이 균형가격과 똑같다면 시장이 균형상태(equilibrium)에 있다고 한다. 그러나 현실적으로는 이 두 가지 가격이 서로 다를 수 있는데 이러한 경우에는 불균형상태(disequilibrium)라고 한다.

불균형상태는 시장가격이 균형가격보다 낮은 경우와 높은 경우의 두 가지로 구분된다. 만약 어떤 자산의 시장가격이 균형가격보다 낮다면 이 자산은 저평가된 것이므로 사람들은 이를 구입하려고 할 것이다. 이렇게 수요가 증가하면 시장가격은 상승하여 균형가격과 같게 된다.

이와 반대로 시장가격이 균형가격보다 높다면 사람들은 이를 시장에 내다팔려고 하기 때문에 공급이 증가하게 된다. 이에 따라서 시장가격이 하락하여 균형가격과 같게 된다.

표 3.1
시장불균형과 차익거래

불균형상태	차익거래	이 익
시장가격 < 균형가격	매 입	균형가격 − 시장가격
시장가격 > 균형가격	매 도	시장가격 − 균형가격

(2) 차익거래

어떤 자산의 시장가격이 균형가격보다 낮은 경우를 생각해보자. 이런 불균형상태라면 투자자들은 낮은 시장가격으로 이 자산을 구입한 후 시장가격이 상승해서 균형가격수준이 될 때 이를 되팔아서 이익을 얻을 수 있다. 이렇게 해서 얻게 되는 이익은 균형가격과 시장가격의 차이에 해당된다. 이러한 거래를 차익거래 또는 재정거래(arbitrage)라고 한다. 그리고 이러한 거래에서 얻게 되는 차익을 재정이익이라고 부른다.

재무이론에서는 시장이 일시적으로 불균형상태가 될 수 있지만 투자자들이 차익거래를 하기 때문에 결국은 균형상태로 가게 된다고 한다. 그리고 이렇게 균형상태가 되면 재정이익을 얻을 수 있는 기회가 없어진다. 나중에 보면 알겠지만 차익거래를 할 수 없는 조건을 만들어서 균형가격을 구하는 경우가 있는데 바로 이러한 이유에서이다.

지금까지 설명한 시장불균형상태와 이에 대응한 차익거래의 유형, 그리고 차익거래에서 얻게 되는 이익을 함께 나타내면 〈표 3.1〉과 같이 요약할 수 있다.

예제 3-1

어떤 땅을 사서 주차장사업을 하려고 한다. 이 땅에서 얻을 수 있는 주차료수입이 매년 1,200만원씩 영구히 계속될 것이다. 이 현금흐름에 대한 할인율은 10%라고 하자. 그런데 부동산시장에서 이 땅이 1억원에 거래된다고 한다.

(1) 이 땅의 균형가치를 산출하라.
(2) 부동산시장은 균형상태인가?
(3) 이 땅을 사야할지 판단하라. 그리고 사게 되면 얼마의 손익이 발생하는가?

풀이

(1) 이 땅의 균형가치는 영구히 계속될 매년 1,200만원의 현재가치이다.

$$\frac{1{,}200}{10\%} = 1.2(\text{억원})$$

(2) 시장가격은 1억원인데 이는 균형가격 1.2억원과 다르다. 따라서 불균형상태이다.
(3) 1.2억원의 가치를 갖는 땅을 1억원에 살 수 있으므로 구입한다. 시장이 균형상태가 되면서 이 땅의 시장가격은 1.2억원으로 상승하고 이에 따라 2,000만원의 차익을 얻게 된다.

2 실물투자의 결정

현재가치를 산출하는 것은 분수값을 구하는 것과 같다고 하였다. 분수값을 구성하는 분자에는 미래의 현금흐름이 들어가고 분모에는 이에 대한 할인율이 들어간다. 이는 재무이론의 기본원리로서 거의 모든 분야에 적용되는데 우선 세 가지 중요한 분야를 간단하게 소개한다. 첫째는 실물투자에 대해서 투자여부를 결정하는 것이고, 둘째는 주식이나 채권과 같은 증권의 균형가격을 산출하는 것이다. 그리고 셋째는 기업가치를 평가하는 것이다. 항상 분자에 해당하는 현금흐름과 분모에 해당하는 할인율을 생각하도록 하자.

2.1 자본예산

실물투자란 공장을 설립하거나 기계설비를 구입하는 것을 말한다. 기업은 실물투자를 통해서 제품을 생산하고 판매하여 이익을 만들어 낸다. 이러한 실물투자의 문제를 검토하고 투자결정여부를 판단하는 것을 자본예산(capital budgeting)이라고 한다.

자본예산에서 중요한 두 가지 작업은 첫째, 투자안으로부터의 현금흐름을 측정하는 것과 둘째, 이러한 현금흐름을 평가해서 투자안의 채택여부를 결정하는 것이다. 이러한 분석작업을 투자안의 경제성을 평가한다고 한다.

2.2 순현재가치

투자안의 경제성을 평가하려면 우선 투자안의 균형가치를 산출해야 한다. 투자안의 균형가치도 투자안으로부터 들어 올 미래의 현금흐름을 현재가치로 계산한다. 이 값이 투자비용보다 더 크면 경제성이 있다고 판단하여 투자안을 채택한다.

이때에 투자안의 가치가 투자비용보다 얼마나 더 큰가를 나타내는 값을 순현재가치(*NPV*: net present value)라고 한다. 이를 간단히 순현가라고도 하는데 다음 식으로 구한다.

$$NPV = \sum_{t=1}^{n} \frac{C_t}{(1+R)^t} - C_0 \qquad \text{[식 3.2]}$$

단, C_t : t시점의 현금흐름

C_0 : 투자비용

R : 할인율

위의 식에서 $\sum_{t=1}^{n} \frac{C_t}{(1+R)^t}$ 가 바로 투자안의 균형가치에 해당하고 투자비용 C_0가 시장가격에 해당하는 부분이다. 앞의 식이 다소 복잡해 보일 수도 있지만 그 의미를 고려해서 다음과 같이 표현하면 이해하기가 쉬울 것이다.

$$NPV = \text{투자안의 가치} - \text{투자비용}$$

결론적으로 순현가가 0보다 크면 투자안의 가치가 투자비용보다 큰 것이므로 투자안을 채택하고 순현가가 0보다 작으면 투자안을 기각하면 된다.

예제 3-2

취득가액이 450만원인 기계를 구입하려고 한다. 이 기계를 구입하면 앞으로 3년 동안 사용할 수 있으며 매년 200만원씩의 순현금유입이 예상된다. 이러한 현금흐름에 적용할 할인율은 연 10%라고 하자.

(1) 이 투자안의 가치를 산출하라.
(2) 이 투자안의 순현가를 산출하여 투자여부를 판단하라.
(3) 이 예제를 시장균형과 차익거래의 관점에서 설명해보자.

풀이

(1) 이 투자안에 대한 현금흐름을 다음과 같이 시간선상에 나타내보자.

0	1	2	3
−450	200	200	200만원

이 투자안의 균형가치는 곧 앞으로 3년 동안 유입될 현금흐름의 현재가치이므로 다음과 같이 산출할 수 있다.

$$\frac{200}{(1+0.1)^1} + \frac{200}{(1+0.1)^2} + \frac{200}{(1+0.1)^3} = 497.4\,(\text{만원})$$

(2) 그런데 이러한 현금흐름을 얻으려면 450만원을 주고 설비를 구입해

야 하므로 투자안의 순현재가치는 다음과 같다.

$$NPV = 497.4 - 450 = 47.4\,(\text{만원})$$

$NPV > 0$ 이므로 투자한다.

(3) 이 기계의 균형가격은 투자안의 균형가치 497.4만원이다. 그런데 이 기계의 시장가격은 취득가액(투자비용) 450만원으로서 균형가치보다 저평가되어 있다. 따라서 시장은 불균형상태이다. 이 기계에 대한 수요가 증가할 것이고 그 가격은 497.4만원까지 오를 것이므로 지금 이 기계를 구입하면 나중에 되팔아서 47.4만원의 차익을 얻을 수 있다. 간단히 말하면 497.4만원의 가치를 갖는 기계를 450만원에 사니까 47.4만원의 이익을 보게 된다는 것이다.

$NPV > 0$이면 투자를 한다고 하는데 이는 결국 시장의 불균형상태를 이용한 차익거래(재정거래)인 것이며 NPV는 곧 재정이익인 셈이다. 만약 시장이 균형상태라면 NPV는 0이 된다.

3 증권가격의 산출

3.1 주식가격

우리가 주식을 매입해서 이를 보유하게 되면 배당금을 받게 된다. 이렇게 받게 되는 배당금의 현재가치를 구하면 이 값이 주식가격이 된다.

여기서 분수값의 분자에 해당하는 현금흐름은 미래 배당금이다. 그러면 분모에 해당하는 할인율은 무엇일까? 주식가격을 구할 때에 사용하는 할인율은 주식수익률이라고 한다. 주식수익률에 대한 자세한 설명은 나중에 다시 다룰 것이다. 다만 수익률은 미래가치를 구할 때에 사용하고 할인율은 현재가치를 구할 때에 사용하는 용어이지만 똑같은 것이라는 사실을 기억하자.

예제 3-3

가나기업은 주주들에게 매년 말에 7,000원씩의 배당금을 지급할 것이며 이 현금흐름에 대한 할인율은 연 10%이다. 증권시장에서 가나기업주식은 70,000원에 거래되고 있다.

(1) 가나주식의 균형가격은 얼마가 되는가?

(2) 그리고 주식수익률은 얼마인가?

풀이

(1) 대개 반증이 없는 한 기업은 무한히 존재하는 계속기업(going concern)으로 본다. 따라서 이 주식을 갖고 있는 주주는 영원히 7,000원씩의 현금흐름을 받게 될 것이다. 따라서 앞서 설명한 영구연금의 현재가치를 구하는 방법으로 다음과 같이 계산하면 이 주식의 균형가격을 구할 수 있다.

$$\frac{7{,}000\text{원}}{10\%} = 70{,}000\text{원}$$

그런데 시장가격도 70,000원이므로 시장은 차익거래의 기회가 없는 균형상태이다.

(2) 현재시점에서 70,000원에 주식을 사면 매년 7,000원의 배당수익을 얻게 된다. 이때 그 수익률은 10%가 되기 때문에 주식수익률이 10%라고 하는 것이다. 특히 이 수익률은 균형가격에 주식을 매입해서 얻게 되는 것이어서 균형수익률이라고 한다. 어떤 자산의 균형가격을 구하려면 이러한 균형수익률을 먼저 구하고 이를 할인율로 이용해서 현재가치를 구해야 한다. 이처럼 수익률과 할인율은 동전의 앞뒷면과 같은 것이어서 혼용하는 경우가 많다.

3.2 채권가격

이번에는 채권을 보유할 경우 얻게 되는 현금흐름을 생각해 보자.

채권을 보유하면 일정기간 동안 이자를 받다가 만기에 원금을 받게 된다. 따라서 이자와 원금의 현재가치를 구하여 합하면 이 값이 채권의 균형가격이 된다.

따라서 분수값의 분자에 해당하는 현금흐름은 이자와 원금이다. 채권에는 만기, 액면금액, 그리고 액면이자율이 표시되어 있다. 매년 받게 되는 이자는 액면금액에 액면이자율을 곱한 금액이고 만기에 받는 원금은 액면금액이다. 그러면 분모에 해당하는 할인율은 무엇일까? 주식의 경우와 마찬가지로 이때의 할인율은 채권수익률이라고 한다. 보통 신문이나 TV에서 보도되는 금리지표들이 여기서 말하는 채권수익률에 해당하는 것들이라고 보면 된다.

예제 3-4

액면금액은 100,000원이고 액면이자율이 5%인 채권이 있다. 이 채권의 만기까지는 2년이 남아 있고 이자는 매년 말 1회 지급된다. 이 채권의 현금흐름에 대한 할인율은 연 10%이다.

(1) 이 채권의 균형가격은 얼마인가?

(2) 그리고 채권수익률은 얼마인가?

풀이

(1) 매년 말 받게 되는 이자금액은 액면금액에 액면이자율을 곱한 금액이므로 5,000원(=100,000 × 5%)이다. 여기서의 액면이자율은 표면이자율, 또는 약정이자율이라고도 한다. 그리고 만기가 2년 남아 있어서 이자를 2번 받게 되므로 이의 현재가치를 다음과 같이 구한다.

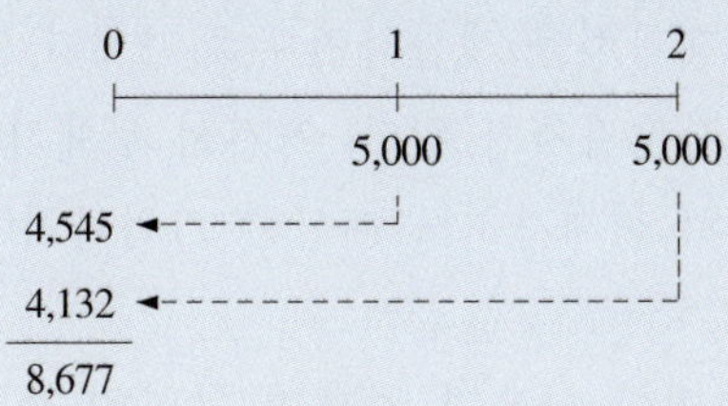

그리고 만기가 되는 2년 후에는 원금 100,000원을 받게 되므로 이의 현재가치를 구한다.

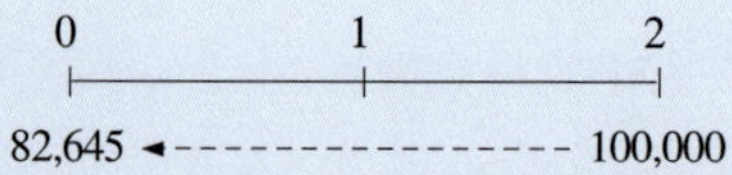

그러면 이 채권의 현재가치는 91,322원(= 8,677 + 82,645)이 되는데 이 값이 채권의 균형가격인 것이다.

(2) 만약 이 채권을 현재시점에서 균형가격인 91,322원에 구입하면 1년 후에는 이자 5,000원, 2년 후에는 이자와 원금을 합쳐서 105,000원을 받게 된다. 이렇게 채권에 투자해서 2년 동안의 기간에 얻게 되는 연평균수익률은 10%가 된다.

4 기업가치의 평가

기업은 보유하고 있는 자산을 이용해서 제품을 생산하고 판매하여 이익을 벌어들인다. 이렇게 벌어들이는 이익이 손익계산서상의 영업이익이다. 영업이익에서 부채를 제공한 채권자가 먼저 이자를 떼어 간다. 그리고 남는 이익(순이익)은 자본을 제공한 주주가 가져간다.

이러한 관계에 현재가치개념을 적용하면 손익계산서항목과 대차대조표항목의 관계를 파악할 수 있다. 즉, 앞으로 계속될 영업이익의 현재가치를 계산하면 자산가치가 된다. 자산가치는 곧 기업가치이므로 기업가치를 결정하는 것은 영업이익이 된다.

그리고 이자의 현재가치를 계산하면 부채가치가 되고 순이익의 현재가치를 계산하면 자본가치가 된다. 여기서 부채가치와 자본가치를 더한 값은 영업이익의 현재가치로 계산한 기업가치(자산가치)와 똑같게 된다.

그리고 기업은 특별한 사유가 없으면 무한히 존재하는 계속기업

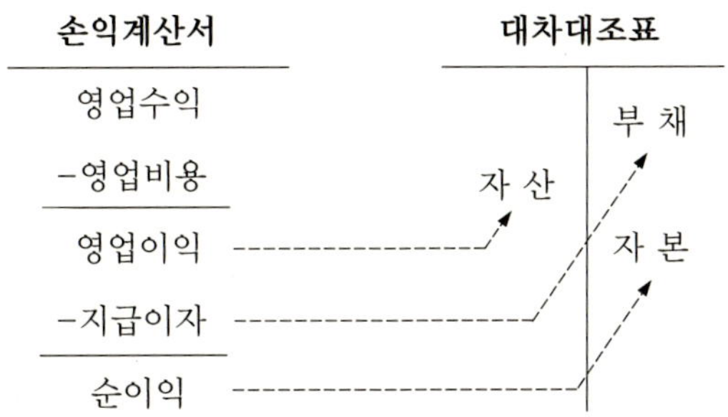

그림 3.2 현금흐름과 기업가치

(going concern)으로 보기 때문에 영업이익의 현재가치를 계산하거나, 지급이자의 현재가치를 계산하거나, 또는 순이익의 현재가치를 계산할 때에 모두 영구연금의 현재가치를 계산하는 방식을 이용해서 자산, 부채, 자본의 가치를 구할 수 있다.

예제 3-5

어떤 기업이 매년 벌어들이는 영업이익은 4억원이다. 부채에 대한 이자는 매년 1억원을 지급하며 나머지 3억원은 주주에게 돌아가는 순이익이다. 지급이자에 대한 할인율은 10%이고 순이익의 할인율은 20%라고 하자.

(1) 부채와 자본의 가치를 구하라. 이로부터 이 기업의 가치를 구하라.
(2) (1)의 결과를 이용해서 영업이익에 대한 할인율을 구해보자.

풀이

(1) 기업가치는 부채와 자본의 가치를 합한 값이므로 먼저 이들 값부터 구한다. 부채가치는 매년 지급되는 1억원의 영구적 현금흐름의 현재가치이므로 다음과 같이 10억원이 된다.

$$\frac{1\text{억원}}{10\%} = 10\text{억원}$$

그리고 자본의 가치는 매년 유입되는 순이익 3억원의 영구적 현금흐름의 현재가치로서 다음과 같다.

$$\frac{3\text{억원}}{20\%} = 15\text{억원}$$

따라서 이 기업의 가치는 25억원(= 10 + 15)이 된다.

(2) 영업이익의 현재가치는 기업가치라고 하였다. 따라서 영업이익 4억원에 대한 할인율을 R이라고 하여 그 현재가치를 구하면 (1)에서 구한 기업가치 25억원과 같아야 한다. 즉, 다음의 관계가 성립해야 한다.

$$\frac{4\text{억원}}{R} = 25\text{억원} \longrightarrow R = 16\%$$

즉, 영업이익의 현재가치를 구하기 위한 할인율은 16%이다.

제3장 | 현재가치와 균형가격

요약

1. 모든 자산의 가격에는 균형가격과 시장가격이 있다.
2. 균형가격은 현재가치개념으로 구한 이론가격이다.
3. 시장가격은 실제로 시장에서 형성된 가격으로 수요와 공급이 만나는 수준에서 결정된다.
4. 균형가격과 시장가격이 같으면 시장이 균형상태, 그렇지 않으면 불균형상태라고 한다.
5. 불균형상태에서는 차익거래를 통해서 균형가격과 시장가격의 차이에 해당하는 이익을 얻을 수 있다.
6. 차익거래로 인해서 불균형상태의 시장은 결국 균형상태로 가게 된다.
7. 이러한 개념은 투자결정의 원리를 제공하는 것인데 대표적으로 실물투자, 증권투자, 기업가치의 평가분야에서 적용된다.

04

자본예산

Financial Management

자본예산의 내용은 제3장에서 먼저 간단하게 살펴보았다. 이 장에서는 좀 더 깊이 있는 설명을 하려고 한다. 투자안의 현금흐름을 측정하고 그에 알맞은 할인율로 투자안의 현재가치를 구하는 것이 자본예산의 핵심적 내용이다. 그런데 이 장에서 특히 관심을 가져야 할 것은 현금흐름의 측정과 관련된 내용이다. 현금흐름에 대한 정의가 다양하고 용어도 통일되어 있지 않아서 많이 헷갈리기 때문이다. 그리고 제4장까지는 일단 주어진 할인율을 사용한다. 할인율을 구하는 방법은 제5장에서부터 다루게 될 것이다.

1 기초개념

1.1 자본예산이란?

자본예산(capital budgeting)이란 실물투자와 관련된 의사결정문제를 다루는 것이다. 여기서 실물투자란 대규모의 기계설비를 구입하는 것뿐만 아니라 새로운 공장이나 기업을 설립하는 것까지 포함한다.[1)]

자본예산에서 다루는 실물투자는 거액의 자금이 소요되기 때문에 그 효과가 클 뿐만 아니라 오랜 기간에 걸쳐서 나타나는 특징을 갖는다. 따라서 기업의 생존에까지 영향을 줄 수 있어서 기업재무의 관점에서는 매우 중요하다.

1.2 자본예산의 절차

자본예산을 수행하는 과정은 다음 [그림 4.1]과 같이 나타낼 수 있다. 투자기회의 탐색과 선정, 현금흐름의 측정, 투자안의 선택 또는 기각, 그리고 통제 및 사후관리를 자본예산의 4단계라고 한다. 이 중에서 2단계와 3단계의 내용이 특히 중요하기 때문에 좁은 의미로 자본예산을 말할 때에는 이 두 가지를 의미한다.

1단계 : 투자기회의 탐색과 선정

이는 기업의 장기적 경영전략과 밀접한 관계를 갖는다. 즉, 장기적 경영전략을 실현하기 위한 구체적인 투자기회를 찾아서 이를 통한 기업의 성장기회를 탐색한다. 이때 성장기회가 없다고 판단되면 기각하

1) 새로운 기업을 설립하는 것은 투자안과 같다. 왜냐하면 기업은 투자수명이 무한한 투자안으로 볼 수 있기 때문이다. 따라서 이때의 투자안 평가방법은 나중에 공부할 자본구조이론에서의 기업가치 평가방법과 같다.

그림 4.1
자본예산의 절차

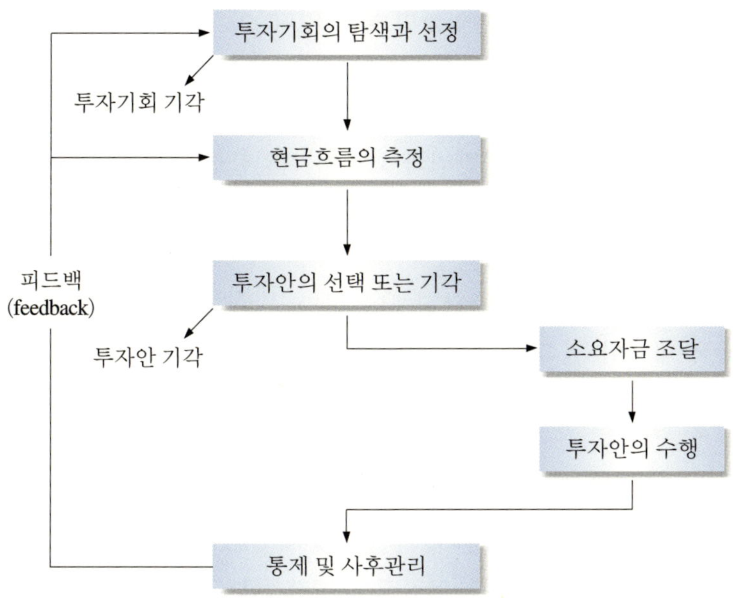

고 성장기회가 있다고 판단되면 다음 단계로 넘어간다.

2단계 : 현금흐름의 측정

여기서는 1단계에서 성장기회가 있다고 판단된 투자안에 대해서 앞으로 나타날 현금흐름을 측정한다. 즉, 투자안을 수행할 경우 이로 인해 기대되는 미래현금흐름에 대해서 현금흐름의 크기(magnitude), 현금흐름의 발생시점(timing), 그리고 현금흐름의 불확실성(riskiness)을 추정하는 것이다.

3단계 : 투자안의 선택 또는 기각

여기서는 2단계에서 추정된 현금흐름에 관한 자료를 토대로 투자안의 채택 여부를 결정하는 것이다. 이 단계를 투자안의 경제성평가단계라고 한다.

투자안의 경제성을 평가하는 방법으로 순현재가치법, 내부수익률법, 회수기간법, 회계적 이익률법 등이 있다. 이 중 순현재가치법과 내부수익률법은 화폐의 시간적 가치를 고려하는 방법이기 때문에 이론적으로 선호되는데 그 중에서도 순현재가치법이 가장 우수한 방법으로 인정받고 있다. 회수기간법과 회계적 이익률법은 화폐의 시간적 가치를 고려하지 않기 때문에 이론적으로는 취약하지만 대략적인 평가방법으로 자주 활용된다.

이 단계에서 투자안의 경제성이 없다고 판단되면 투자안을 기각하고 경제성이 있다고 판단되면 소요자금을 조달하여 투자안을 수행한다.

4단계 : 투자안에 대한 통제 및 사후관리

마지막 단계는 진행 중인 투자안을 통제하고 사후관리하는 것이다. 즉, 투자안이 계획대로 이루어지고 있는지를 보고 만약 투자환경이 변화되면 이를 반영하여 자본예산을 수정하는 등 피드백기능을 수행하는 것이다.

2 현금흐름의 측정

2.1 손익계산서

일반적으로 손익계산서는 발생주의에 입각한 회계기준에 따라서 작성된다. 따라서 손익계산서상의 순이익은 우리가 측정하려는 현금흐름과는 차이가 있다. 다음과 같은 손익계산서를 가정하여 자본예산에서 분석대상이 되는 현금흐름에 대해서 설명해보겠다.

표 4.1
2가지 형태의 손익계산서

손익계산서(1)		
매출액		900
매출원가		500
매출총이익		400
판매관리비		
급 여	60	
감가상각비	90	150
영업이익(EBIT)		250
영업외비용		
지급이자		50
납세전순이익		200
법인세(세율 40%)		80
당기순이익		120

손익계산서(2)		
영업수익		900
영업비용		
현금유출있는 비용	560	
현금유출없는 비용	90	650
영업이익(EBIT)		250
지급이자		50
납세전순이익		200
법인세		80
당기순이익		120

손익계산서(1)은 우리가 흔히 볼 수 있는 손익계산서로서 기업회계기준에 따라서 작성된 것이다. 여기서 매출액은 즉시 현금으로 수령하고 매입액이나 급여 등 각종 비용 등은 즉시 현금으로 지급한다고 가정한다. 이러한 손익계산서는 손익계산서(2)와 같은 형태로 고칠 수 있다.

이때에 손익계산서(2)의 영업비용 중 현금유출이 있는 비용 560은 손익계산서(1)의 매출원가 500과 판매관리비 중 급여 60을 합한 금액이다. 그리고 현금유출이 없는 비용은 감가상각비이다. 감가상각비까지 차감한 후의 영업이익 250은 이자 및 세금을 차감하기 전의 이익이라고 해서 EBIT(earnings before interests and taxes)로 줄여서 표현하기도 한다.

위의 손익계산서를 토대로 재무관리에서 중요한 분석대상으로 삼는 영업현금흐름(OCF : operating cash flow)을 먼저 설명하겠다.

2.2 영업현금흐름

우리는 제1장에서 재무관리의 목표는 기업가치극대화이고 기업가치를 결정하는 것은 영업이익이기 때문에 재무관리에서는 영업이익을 중요한 분석대상으로 삼는다고 하였다. 그런데 엄밀하게 말하면 영업이익보다는 영업현금흐름이 더 정확한 표현이다. [표 4.1]의 손익계산서에서 보면 알겠지만 만약 감가상각비가 없으면, 즉 0이라면 영업이익이나 영업현금흐름이 똑같다. 그러나 그렇지 않을 수도 있으니 앞으로는 영업현금흐름이라는 표현을 사용하도록 하자.

(1) 측정방법 1 : 세후*EBIT* + 감가상각비

그러면 영업현금흐름은 어떻게 구할까? 일단 손익계산서상의 영업이익(*EBIT*)에다가 감가상각비(*D* : depreciation)를 더해준다. 왜냐하면 감가상각비는 비용이지만 현금지출이 있는 것은 아니기 때문이다. 그리고 이 값으로부터 법인세를 차감한다. 주의할 것은 여기서 차감하는 법인세는 실제로 납부하는 금액이 아니고 이자비용을 차감하지 않은 상태의 영업이익을 기준으로 산출한 법인세($EBIT \cdot t$)를 말한다. 따라서 영업현금흐름은 다음과 같이 산출된다.

$$
\begin{aligned}
\text{영업현금흐름} &= EBIT + D - EBIT \cdot t \\
&= EBIT(1-t) + D \qquad \text{[식 4.1]}
\end{aligned}
$$

위 식에는 이자비용이 없으므로 영업현금흐름을 한마디로 정의하면 '무부채상태의 현금흐름' 이라고 할 수 있다. 그리고 위의 두 번째 식으로 정리된 것을 보면 영업현금흐름은 '세후*EBIT*에 감가상각비를 더한 값' 이라고도 할 수도 있다.

이제 〈표 4.1〉에 주어진 손익계산서를 갖고 영업현금흐름을 측정해 보자. [식 4.1]을 이용하면 영업현금흐름은 다음과 같이 240이 된다.

$$\text{영업현금흐름} = 250 + 90 - 250 \times 0.4$$
$$= 250 \times (1 - 0.4) + 90 = 240$$

(2) 측정방법 2 : 세후EBITDA + 감가상각비의 감세효과

그런데 영업수익을 R이라고 하고 영업비용 중 현금지출금액을 C라고 하면 $EBIT = R - C - D$가 된다. 이를 [식 4.1]에 대입하면 영업현금흐름은 다음과 같은 식으로 표현할 수도 있다.

$$\text{영업현금흐름} = (R - C - D)(1 - t) + D$$
$$= (R - C)(1 - t) + D \cdot t \qquad \text{[식 4.2]}$$

여기서 $(R - C)$에 해당하는 현금흐름은 이자, 세금은 물론 감가상각비도 차감하기 전의 이익이어서 *EBITDA*(earnings before interests, taxes, depreciation and amortization)라고 한다.[2)]

그리고 감가상각비는 현금지출항목이 아니면서 법인세를 산출할 때에는 비용으로 인정되기 때문에 납부할 세금을 줄여주는데 $D \cdot t$가 바로 감가상각비 때문에 감소된 세금의 크기를 나타내는 것이다. 이를 감가상각비의 감세효과(depreciation tax shield effect)라고 한다. 따라서 [식 4.2]에 따르면 영업현금흐름은 '세후*EBITDA*에 감가상각비의 감세효과를 더한 값' 이라고 할 수 있다. 이 방법을 따르면 다음과 같이 영업현금흐름이 240이 된다는 것을 확인할 수 있다.

$$\text{영업현금흐름} = (900 - 560) \times (1 - 0.4) + 90 \times 0.4 = 240$$

2.3 기업현금흐름

그러면 위에서 측정한 영업현금흐름이 실제로 기업에 유입되는 현

2) 유형자산에 대한 감가상각비는 depreciation, 무형자산에 대한 감가상각비는 amortization 이라고 한다.

금흐름일까? 결론부터 말하면 반드시 그런 것은 아니다. 법인세가 없는 경우에만 영업현금흐름이 실제로 기업에 유입되는 현금흐름과 같다. 그러나 법인세가 있는 경우라면 실제로 기업에 유입되는 현금흐름은 영업현금흐름보다 더 크게 된다.

실제로 기업에 유입되는 현금흐름을 기업현금흐름이라고 하고 [표 4.1]에 주어진 손익계산서에서 기업현금흐름을 확인해보자.[3)]

(1) 측정방법 1 : 주주현금흐름 + 채권자현금흐름

기업에 유입되는 현금흐름은 곧 주주와 채권자가 가져가는 현금흐름의 합과 같다. 먼저 주주에게 귀속되는 현금흐름을 구해보자. 순이익을 모두 배당으로 지급한다고 가정하면 주주는 앞서의 손익계산서상의 순이익을 가져갈 것이다. 그런데 순이익은 현금지출이 없는 감가상각비가 차감된 것이다. 따라서 주주의 현금흐름은 순이익에 감가상각비를 더해주어야 하므로 다음과 같이 210이 된다.

$$\text{주주의 현금흐름} = 120 + 90 = 210$$

기업현금흐름은 주주의 현금흐름에다가 채권자의 현금흐름을 합한 것이라고 하였다. 그런데 부채를 제공한 채권자에게 귀속되는 현금흐름이란 채권자에게 지급되는 이자 50이므로 이를 주주의 현금흐름에 더해주면 된다.

따라서 기업현금흐름은 다음과 같이 측정할 수 있다.

$$\begin{aligned} \text{기업현금흐름} &= \text{주주의 현금흐름} + \text{채권자의 현금흐름} \\ &= 210 + 50 = 260 \end{aligned} \qquad \text{[식 4.3]}$$

---

3) 여기서 말하는 기업현금흐름은 이 장의 보론에서 설명하는 기업잉여현금흐름 (FCFF : free cash flow to firm)과 다른 것이다. 여기서의 기업현금흐름은 제8장 MM의 수정이론에서 부채기업의 가치를 구할 때에 측정대상이 되는 현금흐름과 같은 것이다.

(2) 측정방법 2 : 영업현금흐름 + 이자비용의 감세효과

이렇게 구한 기업현금흐름 260은 앞서 구한 영업현금흐름 240보다 20만큼 더 크다. 왜 그럴까? 그 이유는 이자비용의 감세효과(interest tax shield effect) 때문이다.

만약 무부채상태라면 지급이자가 0이므로 *EBIT* 250이 과세대상이익이 되고 법인세는 100이었을 것이다. 그러나 부채사용에 따른 지급이자 50 때문에 과세대상이익은 200이 되고 법인세는 80이 되면서 20만큼 줄어들었다. 바로 부채사용에 따른 법인세 감소액 20이 이자비용의 감세효과이고 이는 이자비용에 법인세율을 곱한 금액($50 \times 0.4 = 20$)으로 직접 구할 수도 있다.[4)]

이것이 곧 기업현금흐름과 영업현금흐름의 차이인 것이다. 그래서 다음과 같이 기업현금흐름 260은 영업현금흐름 240에 이자비용의 감세효과 20을 더한 금액이 된다.

$$\begin{aligned} \text{기업현금흐름} &= \text{영업현금흐름} + \text{이자비용의 감세효과} \qquad [\text{식 } 4.4] \\ &= 240 + 50 \times 0.4 = 260 \end{aligned}$$

투자안의 현재가치 3

3.1 현금흐름과 할인율

이제 앞에서 구한 현금흐름을 이용해서 투자안의 현재가치를 구해보자. 모든 현재가치는 분수값의 구조를 갖는다고 하였다. 그리고 분자에는 미래의 현금흐름이, 분모에는 이에 대응하는 할인율이 들어간다고 하였다. 투자안도 마찬가지여서 투자안에서 들어올 것으로 예상되는

4) 앞서 설명한 감가상각비의 감세효과도 감가상각비에 법인세율을 곱하여 구하였다.

미래의 현금흐름을 이에 알맞은 할인율로 대응시켜서 현재가치를 구하게 된다.

그런데 우리는 앞서 현금흐름을 영업현금흐름과 기업현금흐름의 두 가지로 구분해서 살펴보았다. 이자비용의 감세효과를 기준으로 두 가지 개념의 현금흐름을 비교해보면 영업현금흐름은 이자비용의 감세효과가 포함되지 않은 것이고, 기업현금흐름은 이자비용의 감세효과가 포함된 것이다.

이러한 현금흐름들을 현재가치로 계산하기 위한 할인율도 두 가지로 구분할 수 있겠다. 즉, 이자비용의 감세효과가 반영된 할인율과 이자비용의 감세효과가 반영되지 않은 할인율이 그것이다.

현금흐름을 영업현금흐름으로 측정하든지 아니면 기업현금흐름으로 측정하든지 어떻게 측정하더라도 동일한 투자안이라면 그 현재가치는 똑같아야 한다. 그런데 이자비용의 감세효과가 포함된 기업현금흐름이 이자비용의 감세효과가 포함되지 않은 영업현금흐름보다 크다는 것을 확인하였다.

그렇다면 영업현금흐름을 현재가치로 계산하기 위한 할인율 R_1과 기업현금흐름을 현재가치로 계산하기 위한 할인율 R_2 중에서 어느 것이 더 작을까? 영업현금흐름에 대한 할인율 R_1이 더 작다. 그래야만 영업현금흐름의 현재가치가 기업현금흐름의 현재가치와 똑같아질 수 있기 때문이다. 이때 영업현금흐름에 대한 할인율이 더 작은 이유는 이자비용의 감세효과가 반영된 것이기 때문이다. 이자비용의 감세효과는 기업에게 좋은 것이기 때문에 현금흐름을 크게 만들거나 할인율을 작게 만드는 것이다.

즉, 작은 분자(영업현금흐름)를 작은 분모(이자비용의 감세효과가 반영된 할인율 R_1)로 나눈 분수값, 그리고 큰 분자(기업현금흐름)를 큰 분모(이자비용의 감세효과가 반영되지 않은 할인율 R_2)로 나눈 분수값이 둘 다 동일한 투자안의 현재가치이므로 다음의 등식이 성립하게 된다.

$$\text{투자안가치} = \frac{\text{영업현금흐름}}{\text{할인율 } R_1} = \frac{\text{기업현금흐름}}{\text{할인율 } R_2} \qquad [\text{식 } 4.5]$$

단, 영업현금흐름 < 기업현금흐름
할인율 R_1 < 할인율 R_2

예제 4-1

수명이 무한한 투자안이 있다. 이 투자안의 매년 영업현금흐름은 240이다. 그러나 기업현금흐름은 260이다. 영업현금흐름에 대한 할인율이 12%라고 가정하자.

(1) 이 투자안의 현재가치는 얼마인가?
(2) 기업현금흐름에 대한 할인율은 얼마인가? 이를 영업현금흐름과 비교해서 그 차이를 설명해보자.

풀이

(1) 수명이 무한한 투자안은 계속기업으로 볼 수 있으므로 그 현금흐름은 영구연금형태이다. 그리고 영업현금흐름에 대한 할인율 R_1 = 12%이므로 투자안의 현재가치는 다음과 같다.

$$\frac{240}{12\%} = 2{,}000$$

(2) 동일한 투자안이므로 기업현금흐름을 현재가치로 계산한 투자안의 가치도 2,000이어야 한다. 따라서 다음에서 기업현금흐름에 대한 할인율 R_2는 13%라는 것을 알 수 있다.

$$\frac{240}{12\%} = \frac{260}{R_2} = 2{,}000 \quad \therefore R_2 = 13\%$$

이 할인율이 12%보다 큰 것은 이자비용의 감세효과가 반영되지 않은 것이기 때문이다. 즉, 이자비용의 감세효과는 현금흐름을 20(240 → 260)만큼 증가시키거나 할인율을 1%(13% → 12%) 낮게 만드는 것이다.

3.2 이자비용의 감세효과

앞서 설명하였듯이 이자비용의 감세효과는 현금흐름에 반영할 수도 있고 할인율에 반영할 수도 있다. 그런데 이자비용의 감세효과를 현금흐름에 반영하면 부채금액이 달라질 때마다 투자안의 현금흐름을 매번 다시 측정해야 하는 번거로움이 따른다. 이러한 불편을 피하기 위해서 재무이론의 대부분에서는 이자비용의 감세효과를 할인율에 반영한다. 이렇게 이자비용의 감세효과를 할인율에 반영할 때에는 현금흐름을 반드시 영업현금흐름으로 측정해야 한다는 것을 유의해야 한다.

매우 중요한 내용이어서 다시 한 번 밝히면 '현금흐름은 영업현금흐름을 측정하고 할인율은 이자비용의 감세효과가 반영된 할인율을 이용한다.' 는 것이다. 따라서 재무이론에서 별다른 언급 없이 현금흐름이라고 하면 영업현금흐름을 말하는 것이고, 할인율이라고 하면 이자비용의 감세효과를 반영한 것이라고 보면 된다.

그러면 이자비용의 감세효과를 어떤 방법으로 할인율에 반영하는가? 이에 대해서는 제7장 자본비용에서 자세하게 설명할 것이다.[5)]

그런데 곧잘 현금흐름을 이자비용의 감세효과가 반영된 기업현금흐름으로 측정하면서 할인율도 이자비용의 감세효과가 반영된 할인율을 사용하는 실수를 한다. 만약 이러한 실수를 한다면 어떻게 될까? 이는 이자비용의 감세효과를 두 번 반영하는 것이기 때문에 투자안의 현재가치는 과대평가되는 오류가 발생하게 된다. 이를 이자비용의 감세효과를 현금흐름과 할인율에 두 번 반영하였다고 해서 흔히 이중계산의 오류라고 한다.

---

5) 나중에 알게 되겠지만 할인율은 자본비용과 같은 개념이다.

예제 4-2

앞의 예제와 같이 기업현금흐름은 260, 이에 대한 할인율은 13%이고 영업현금흐름은 240, 이에 대한 할인율은 12%라고 할 때에 이중계산의 오류를 범하면 투자안의 가치는 얼마나 과대평가되는가?

풀이

분자에 기업현금흐름 260을 측정하면서 분모에도 이자비용의 감세효과가 반영된 할인율 12%를 사용하는 것이 이중계산의 오류이다.

$$\frac{260}{12\%} = 2{,}167$$

따라서 이중계산의 오류로 인해서 투자안은 167(=2,167 − 2,000)만큼 더 높게 평가된다.

4 투자안의 경제성 평가

일단 투자안과 관련된 현금흐름이 측정되면 이러한 현금흐름을 갖고 경제성을 평가해야 한다. 그 평가결과에 따라서 투자안을 채택하거나 기각하게 된다. 투자안의 경제성을 평가하는 방법은 크게 화폐의 시간적 가치를 반영하는 순현재가치법, 내부수익률법이 있고 이를 반영하지 않는 회수기간법, 회계적 이익률법이 있다.

화폐의 시간적 가치를 고려하는 방법이 좋은 것이고 그 중에서도 순현재가치법이 이론적으로 가장 우수한 방법으로 인정되고 있으므로 이 방법부터 설명하겠다.

4.1 순현재가치법

투자안으로부터 투자수명(n) 동안 들어올 현금흐름을 할인한 값이 투자안의 현재가치라고 하였다. 이를 균형가치라고 한다고 하였는데 식으로 나타내면 다음과 같다.

$$\frac{C_1}{(1+R)^1}+\frac{C_2}{(1+R)^2}+\cdots\frac{C_n}{(1+R)^n}=\sum_{t=1}^{n}\frac{C_t}{(1+R)^t} \qquad \text{[식 4.6]}$$

단, C_t : t시점의 현금흐름
R : 할인율

그런데 이 투자안을 수행하는데 현재시점에서 지출하는 투자비용이 C_0라고 하자. 그러면 이 투자안을 수행하는 것은 결국 [식 4.6]으로 계산된 값을 얻기 위해서 C_0라는 금액을 지불하는 것이다.

이를 쉽게 설명하면 어떤 기계를 사면 앞으로 들어올 현금흐름의 현재가치가 [식 4.6]인데 현재 이 기계가격은 C_0라는 것이다. 여기서 [식 4.6]으로 계산된 투자안의 균형가치가 투자비용 C_0보다 더 커야 이익이 될 것이다. 이때의 이익을 순현재가치(*NPV* : net present value), 또는 줄여서 순현가라고 하며 다음 식과 같이 구한다.

$$NPV=\sum_{t=1}^{n}\frac{C_t}{(1+R)^t}-C_0 \qquad \text{[식 4.7]}$$

순이익은 순이익인데 현재가치기준으로 측정한 것이기 때문에 '순현재가치' 라고 부른다고 생각하면 될 것이다.

순현재가치법은 투자안의 순현재가치가 0보다 크면 투자안을 채택한다는 것이다. 물론 여러 투자안에서 하나를 선택해야 한다면 순현재가치가 가장 큰 것을 선택하면 될 것이다.

예제 4-3

가격이 450만원인 설비를 구입하려고 한다. 이 설비를 구입하면 앞으로 3년 동안 매년 200만원씩의 영업현금흐름이 예상된다. 할인율은 연 10%라고 하자.

(1) 이 투자안의 가치를 산출하라.

(2) 이 투자안의 순현가를 산출하여 투자여부를 판단하라.

풀이

(1) 이 투자안에 대한 현금흐름을 다음과 같이 시간선 상에 나타내보자.

0	1	2	3
−450	200	200	200만원

이 투자안의 현재가치(균형가격)는 곧 앞으로 3년 동안 유입될 현금흐름의 현재가치이므로 다음과 같이 산출할 수 있다.

$$\frac{200}{(1+0.1)} + \frac{200}{(1+0.1)^2} + \frac{200}{(1+0.1)^3} = 497.4 \text{ (만원)}$$

(2) 그런데 이러한 현금흐름을 얻으려면 450만원(시장가격)을 주고 설비를 구입해야 하므로 투자안의 순현재가치는 다음과 같다.

$$NPV = 497.4 - 450 = 47.4 \text{ (만원)}$$

여기서 순현가가 양(+)의 값을 가지므로 설비를 구입한다.[4)]

---

4) 이렇게 구한 순현가는 제3장에서 말한 차익거래에서 얻는 재정이익과 같은 것이다. 즉, 균형가격과 시장가격의 차이에 해당한다. 결국 *NPV*는 시장의 불균형상태에서 얻는 이익이므로 균형시장에서는 0이 된다.

4.2 내부수익률법

투자안의 경제성을 평가하는 방법으로 내부수익률(*IRR* : internal rate of return)을 이용하는 방법이 있다. 내부수익률이란 투자안에서 벌어들이는 연평균수익률을 말한다. 투자안마다 각각 다른 값을 가지며 그 투자안에서만 얻을 수 있는 수익률이기 때문에 '내부' 라는 말이 붙은 것이라고 생각하면 된다.

내부수익률은 간단한 사례로 쉽게 알 수 있는 개념이다. 만약 어떤 투자안을 수행하는데 현재시점에서 100이 지출되고 내년에 115의 금액이 유입된다면 내부수익률은 15%이다. 만약 내년 유입액이 120이라면 내부수익률은 20%가 된다. 이렇게 1년짜리 투자안의 경우는 쉽게 설명되지만 다기간 투자안의 경우에는 좀 복잡하다.

다기간 투자안의 내부수익률을 쉽게 구하는 방법은 다음과 같다. 즉, 앞서 설명한 투자안의 현재가치가 투자비용과 같게 되도록 하는 할인율을 구하는 것이다. 이는 곧 앞서 설명한 *NPV*가 0이 되는 할인율을 구하는 것과 같다. 그래서 내부수익률은 다음 식에서 구할 수 있다.

$$\sum_{t=1}^{n}\frac{C_t}{(1+IRR)^t} = C_0 \quad \text{또는} \quad NPV = \sum_{t=1}^{n}\frac{C_t}{(1+IRR)^t} - C_0 = 0 \quad \text{[식 4.8]}$$

앞서 든 사례에서 1년 후 115가 할인율 15%에서는 현재가치가 100이고 1년 후 120을 20%에서 현재가치를 구하면 100이 된다. 여기서 현재가치 100은 투자비용과 같은 금액이라는 것을 생각해보면 왜 *NPV*가 0이 되는 할인율을 내부수익률이라고 하는지 그 이유를 알 수 있을 것이다.

이렇게 구한 내부수익률이 자본비용보다 크다면 그 투자안은 경제성이 있는 것이다. 그런데 투자안의 현재가치를 구하는 할인율이 곧 자본비용이기 때문에 내부수익률이 자본비용보다 크다면 곧 순현재가치는 0보다 크게 된다. 따라서 어떤 투자안이 순현재가치법에 의해서 경제성이 있다고 판단되면 이는 내부수익률법에 의해서도 경제성이 있다고 판단할 수 있는 것이다.

예제 4-4

취득가액이 450만원인 설비를 구입하려고 한다. 이 설비를 구입하면 앞으로 3년 동안 매년 200만원씩의 현금유입이 예상된다.

(1) 이 투자안의 내부수익률을 산출하라.

(2) 투자자금 450만원을 14%의 이자율로 조달해야 한다면 이 투자안을 채택할 것인가?

풀이

(1) 이 투자안의 경우 내부수익률을 산출하려면 다음과 같이 *NPV*가 0이 되는 식을 세울 수 있다.

$$NPV = \frac{200}{(1+IRR)} + \frac{200}{(1+IRR)^2} + \frac{200}{(1+IRR)^3} - 450 = 0$$

여기에서 $IRR \fallingdotseq 16\%$를 구할 수 있다. 즉, 현재 450만원을 주고 설비를 구입하여 매년 200만원씩 3년 동안 받게 되면 3년간 평균수익률이 연 16% 정도 된다는 것이다.

(2) 부담하게 되는 이자율은 14%이지만 이 투자안에서 얻게 되는 수익률은 이보다 더 높은 16%이므로 투자안을 채택한다. 만약 14% 이자율수준에서 순현가를 구하면 다음과 같이 0보다 큰 것을 확인할 수 있을 것이다.

$$NPV = \frac{200}{(1+0.14)} + \frac{200}{(1+0.14)^2} + \frac{200}{(1+0.14)^3} - 450$$
$$= 14 > 0$$

4.3 전통적 기법

(1) 회수기간법

투자안의 경제성을 평가하는 방법으로 순현재가치법이나 내부수익률법은 모두 화폐의 시간적 가치를 고려한 것이다. 그러나 화폐의 시간적 가치를 무시하고 개략적인 계산으로 투자안을 평가하는 방법도 있다. 회수기간법과 회계적 이익률법이 그것인데 이 둘을 합쳐서 전통적 기법이라고 한다.

회수기간(payback period)이란 투자안의 현금흐름으로부터 투자비용이 회수되는데 걸리는 기간을 말한다. 이 회수기간이 짧은 투자안을 좋은 투자안이라고 평가하는 것이 회수기간법이다.

(2) 회계적 이익률법

회계적 이익률(*ARR* : accounting rate of return)이란 투자안의 연평균순이익을 연평균투자액으로 나누어 구한 이익률이다. 그래서 이를 평균이익률(*ARR* : average rate of return)이라고도 하는데 다음과 같이 산출한다.

$$\text{회계적 이익률(평균이익률)} = \frac{\text{연평균순이익}}{\text{연평균투자액}} \qquad [\text{식 } 4.9]$$

위 식에서 연평균순이익은 투자안의 내용연수 동안의 회계적 순이익 합계를 내용연수로 나눈 값을 말한다. 그리고 연평균투자액이란 투자수명 동안 평균투자된 금액을 연단위 기준으로 산출한 것이다.

회계적 이익률법은 앞서와 같이 구한 이익률이 높은 투자안을 좋은 투자안이라고 평가하는 방법이다.

예제 4-5

취득가액이 450만원인 설비를 구입하려고 한다. 설비는 수명이 3년이고 3년 후 잔존가치는 없다. 3년 동안의 현금흐름과 순이익은 다음과 같다.

	1년	2년	3년
현금흐름	200	200	200만원
순이익	62	70	84

(1) 이 투자안의 회수기간은 얼마인가?

(2) 이 투자안의 회계적 이익률(평균이익률)은 얼마인가?

풀이

(1) 투자금액 450만원이 회수되려면 2년 $+\frac{50}{200}=2.25$년이 걸린다.

(2) 연평균순이익은 72만원$\left(=\frac{62+70+84}{3}\right)$이고 연평균투자액은 취득가액과 잔존가치의 평균값으로 구하는데 그 값은 225만원$\left(=\frac{450+0}{2}\right)$이다. 따라서 평균이익률은 $\frac{72}{225}=32\%$이다.

보론 기업잉여현금흐름과 주주잉여현금흐름

현금흐름을 지칭하는 용어가 통일되어 있지 않아서 다소 혼란스러운 면이 있다. 최근 기업잉여현금흐름(*FCFF* : free cash flow to the firm)이라는 용어가 곧잘 사용되는데 이는 다음과 같이 정의된다.

$$FCFF = \text{영업현금흐름} - \text{자본적 지출} - \text{추가운전자본}$$

기업이 투자안을 수행한 후에도 자본적 지출 또는 운전자본이 추가적으로 소요될 경우에는 영업현금흐름에서 이들까지 차감해야 진정한 투자안의 현금흐름이 될 것이다. 이를 기업잉여현금흐름이라고 한다. 그렇다고 항상 기업잉여현금흐름이 영업현금흐름보다 작은 것은 아니다. 자본적 지출 또는 운전자본이 회수되는 경우도 있기 때문이다.

일반적으로 투자안의 현재가치를 구할 때에 분자에는 기업잉여현금흐름을, 분모에는 이자비용의 감세효과가 반영된 할인율을 사용한다. 그런데 자본적 지출이나 추가운전자본이 없다면 기업잉여현금흐름은 영업현금흐름과 똑같게 되므로 이 책에서와 같이 영업현금흐름을 분자의 현금흐름으로 사용하면 된다. 그리고 이 책에서 사용하는 기업현금흐름은 주주와 채권자에게 귀속되는 현금흐름의 합계로서 이자비용의 감세효과를 현금흐름에 반영한 것으로서 *FCFF*와는 다른 것이다.

한편, *FCFF*와 함께 주주잉여현금흐름(*FCFE* : free cash flow to equity)이란 용어도 함께 사용되는데 이는 주주에게 귀속되는 현금흐름만을 말한다. 〈표 4.1〉로 주어진 사례에서 210이 이에 해당된다. 그런데 만약 여기에서도 부채를 상환하거나 추가로 조달하는 상황이라면 상환액은 차감하고 추가조달액은 가산해야 *FCFE*가 된다.

예제 4-6

영업현금흐름이 240인 설비를 구입하려고 한다. 이 설비는 무한히 사용할 수 있지만 성능을 유지하기 위해서 매년 자본적 지출이 30만큼, 운전자본이 10만큼씩 추가로 소요된다. 이자비용의 감세효과가 반영된 할인율이 10%라고 하자.

(1) 이 설비의 가격이 2,500이라면 이를 구입해야 할까?

(2) 이 설비의 구입으로 얻게 되는 내부수익률은 얼마인가?

풀이

(1) 자본적 지출과 추가운전자본이 있으므로 할인대상이 되는 현금흐름은 영업현금흐름에 이들까지 반영한 기업잉여현금흐름(*FCFF*)이다.

$$FCFF = 240 - 30 - 10 = 200$$

따라서 투자안의 현재가치는 다음과 같다.

$$\frac{200}{10\%} = 2{,}000$$

그리고 *NPV*를 구하면 다음과 같이 0보다 작으므로 설비를 구입하지 않는다.

$$NPV = 2{,}000 - 2{,}500 = -500$$

(2) 내부수익률(*IRR*)은 *NPV*가 0이 되는 수익률로서 다음과 같이 구한다.

$$NPV = \frac{200}{IRR} - 2{,}500 = 0 \quad \therefore\ IRR = 8\%$$

이렇게 구한 수익률 8%는 할인율 10%보다 낮다. 이는 10%의 자본비용으로 자금을 조달해서 8%밖에 수익률을 올리지 못한다는 것이므로 설비를 구입하지 않는다. *NPV*법으로 평가한 결과와 동일한 결과임을 알 수 있다.

제4장 | 자본예산

요약

1. 자본예산이란 실물투자와 관련된 의사결정기법을 말한다.
2. 투자안의 현재가치를 구하기 위해서 현금흐름과 할인율을 알아야 한다.
3. 영업현금흐름은 무부채상태의 현금흐름을 말한다. 다음과 같은 두 가지 방법으로 구할 수 있다.
   ① 세후*EBIT* + 감가상각비
   ② 세후*EBITDA* + 감가상각비의 감세효과
4. 기업현금흐름은 실제 기업에 유입되는 현금흐름을 말하는데 이는 영업현금흐름보다 크다. 다음과 같은 두 가지 방법으로 구할 수 있다.
   ① 주주현금흐름 + 채권자현금흐름
   ② 영업현금흐름 + 이자비용의 감세효과
5. 일반적으로 투자안을 평가할 때에는 영업현금흐름을 측정하여 현재가치를 구하는데 이때 적용하는 할인율은 기업현금흐름에 적용하는 할인율보다 작다.
6. 영업현금흐름에 대한 할인율이 더 작은 것은 이자비용의 감세효과가 할인율에 반영된 것이기 때문이다.
7. 따라서 투자안의 현재가치를 구하는 방법은 다음과 같이 정리할 수 있다.

$$\frac{\text{영업현금흐름}}{\text{작은 할인율}} = \frac{\text{기업현금흐름}}{\text{큰 할인율}}$$

8. 투자안의 순현가는 위와 같이 구한 현재가치에서 투자비용을 차감한 값으로서 이 값이 0보다 크면 투자안을 수행하는 것이다. 즉,

$$NPV = \text{투자안의 현재가치} - \text{투자비용}$$

종합예제

3년 후 수명이 끝나는 투자안이 있는데 재무자료가 다음과 같다.

(단위: 억원)

	$t=1$	2	3
EBITDA	123	160	162
감가상각비	23	30	22
자본적 지출	29	23	30
순운전자본	22	20	31

(1) 이 투자안의 영업현금흐름(OCF)을 측정하라. 단, 법인세율은 30%이다.

(2) (1)의 결과를 이용해서 이 투자안의 기업잉여현금흐름(FCFF)을 측정하라.

(3) (1), (2)의 현금흐름 중에서 투자안의 가치를 결정하는 현금흐름은 어느 것인가?

(4) 이 투자안의 현금흐름에 대한 할인율은 10%이고 투자비용은 180억원이다. NPV를 산출해서 이 투자안을 채택할 것인가를 판단하라.

풀이

(1) 영업현금흐름(OCF) $=$ EBITDA$(1-t)+D\times t$이므로 이 식을 이용해서 매년의 금액을 측정하면 다음과 같다.

	$t=1$	2	3
EBITDA$\times 0.7$	86.1	112	113.4
감세효과$(D\times t)$	6.9	9	6.6
$=$OCF	93	121	120

(2) 기업잉여현금흐름(FCFF) $=$ OCF $-$ 자본적 지출 $-$ 추가운전자본이므로 매년의 금액을 측정하면 다음과 같다.

	$t=1$	2	3
OCF	93	121	120
−자본적 지출	29	23	30
−ΔNWC	22	−2	11
+운전자본의 회수			31
=FCFF	42	100	110

위 표에서 순운전자본(NWC: net working capital)의 변화액 ΔNWC은 당기 순운전자본에서 전기 순운전자본을 차감해서 산출된다. 첫 해는 22−0=22, 둘째 해는 20−22=−2, 셋째 해는 31−20=11이다. 그리고 마지막 해에는 수명이 종료되면서 운전자본은 회수되기 때문에 이를 현금유입에 포함시켜야 한다.

(3) 자본적 지출과 운전자본의 변화가 없다면 OCF가 FCFF와 똑같게 되고 이 금액이 투자안의 가치를 결정한다. 그러나 자본적 지출과 운전자본의 변화가 있다면 이를 모두 반영한 FCFF가 투자안의 가치를 결정하는 것이다.

(4) 이 투자안의 NPV는 다음과 같다. 0보다 큰 값이므로 투자안을 채택한다.

$$NPV = \frac{42}{(1+0.1)} + \frac{100}{(1+0.1)^2} + \frac{110}{(1+0.1)^3} - 180 = 23.5 > 0$$

제 2 부

위험과 수익률

Financial Management

05

포트폴리오이론

1. 기초개념
2. 개별주식의 기대수익률과 위험
3. 두 주식으로 구성된 포트폴리오
4. 다수 주식으로 구성된 포트폴리오

Financial Management

포트폴리오이론은 위험과 수익률의 관계를 설명하는 데 기초가 되는 이론이다. 수익률은 할인율의 다른 이름이라고 하였다. 따라서 현재가치를 구하는 과정에서 분모의 할인율에 대한 본격적인 논의가 포트폴리오이론에서부터 시작되는 것이다. 포트폴리오이론은 주식과 같이 미래수익이 불확실한 위험자산에 투자할 때에 적용되는 원리를 설명하는 것이다. 이 장에서는 투자주체가 되는 투자자의 무차별곡선과 투자대상이 되는 주식들의 투자기회집합에 관련된 두 가지 주제가 핵심적인 내용이다.

그림 5.1

포트폴리오 이론의 체계

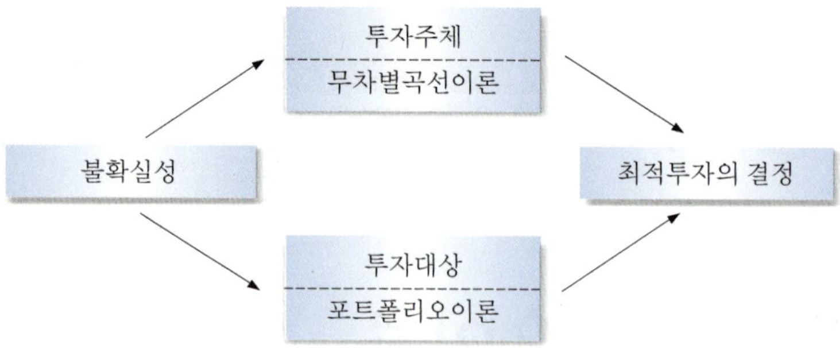

1 기초개념

1.1 포트폴리오이론이란?

포트폴리오이론은 1952년에 마코위츠(Markowitz)에 의해서 도입되었는데 이를 토대로 위험과 수익률에 대한 체계적 연구가 시작되었다.

포트폴리오(portfolio)란 여러 주식들의 모임을 말한다. 그래서 포트폴리오이론에서는 개별주식에 대한 투자결정문제에서부터 시작하여 여러 주식들로 구성한 포트폴리오에 대한 투자결정문제까지 다루게 된다.

포트폴리오이론의 내용은 불확실성 하에서 투자자가 주식투자를 어떻게 하는가를 설명하는 것이다. 이를 위해서

① 불확실성의 의미를 먼저 이해하고,

② 투자주체가 되는 투자자의 무차별곡선과

③ 투자대상이 되는 주식(또는 포트폴리오)의 투자기회집합에 대해서 살펴본다.

④ 그리고 ②의 무차별곡선과 ③의 투자기회집합을 연결시켜서 어떻게 최적투자가 결정되는가를 설명할 것이다.

표 5.1
확률분포의 예

미래경기	발생확률	투자수익
불황	$\frac{3}{10}$	110
호황	$\frac{7}{10}$	120

불확실성과 무차별곡선에 대해서는 1절에서 간단하게 설명하도록 하고, 2절 이후에는 주로 투자기회집합과 최적투자의 결정에 대한 설명을 하게 될 것이다.

1.2 불확실성

(1) 확률분포

지금까지 살펴보았던 내용은 현재시점에서 100만원을 투자하여 내년에 110만원을 받는 식으로 미래수익을 확실한 금액으로 알 수 있는 상황을 가정한 것이었다. 이러한 상황을 확실성(certainty)이라고 한다.

그러나 이제부터 다룰 내용은 이와는 달리 불확실성(uncertainty)을 전제로 한다. 불확실성은 위험(risk)이라고도 한다. 그 의미를 구체적으로 살펴보면 현재 투자하는 100만원으로 얻게 되는 미래수익을 확정금액으로 알 수 없는 상황을 말한다. 그러나 미래수익을 확정금액으로 알 수는 없지만 30%의 확률로 110만원을, 70%의 확률로 120만원을 받는다는 형태의 정보는 알 수 있는 상황을 의미한다. 즉, 미래에 대해서 아무것도 모르는 깜깜한 상황을 말하는 것은 아니다.

이러한 상황이라면 100만원을 투자했을 때의 미래투자수익은 〈표 5.1〉과 같이 나타낼 수 있는데 이를 확률분포(probability distribution)라고 한다. 그리고 여기서 미래수익은 미래상황이 불황이냐 호황이냐에 따라서 그 값이 달라지는데 이를 확률변수(random variable)라고 한다.

(2) 위험자산과 무위험자산

앞에서와 같이 미래수익이 불확실하여 확률분포로 알 수 있는 투자대상을 위험자산(risky asset)이라고 한다. 주식이나 부동산, 또는 기계를 구입하는 것과 같은 실물투자 등 우리주변의 거의 모든 투자대상이 위험자산에 해당된다.

그러나 은행예금이나 국공채와 같은 경우에는 현재 투자액에 대해서 미래에 받게 될 수익을 확정금액으로 알 수 있다. 여기에는 불확실성(위험)이 없기 때문에 무위험자산(riskfree asset)이라고 한다.

제5장 포트폴리오이론에서는 일단 위험자산에 대한 투자결정문제만을 다룰 것이다. 그리고 무위험자산까지 포함한 투자결정문제는 제6장에서 살펴볼 것이다.

1.3 무차별곡선

포트폴리오이론에서 투자대상이 되는 자산은 위험자산이라고 하였다. 위험자산에 대해서는 2절에서 설명하기로 하고 여기서는 우선 투자주체라고 할 수 있는 투자자의 특성에 대해서 살펴보도록 하자.

불확실한 상황에서 투자자들은 수익률이 높은 것을 좋아하지만 위험이 큰 것은 싫어한다. 이론적 체계를 모르더라도 사람들이 이러한 성향을 가질 것이라는 사실은 쉽게 유추할 수 있다. 그래서 투자자의 효용(utility)은 수익률과 위험에 의해서 결정된다고 할 수 있다. 효용이란 만족도를 의미한다. 따라서 수익률이 크면 효용은 증가하고 위험이 크면 효용이 감소한다.

그렇다면 여기서 수익률은 빵과 같은 것이고 위험은 매와 같은 것이라고 할 수 있다. 좀 우습지만 빵을 먹기 위해서 그 대가로 매를 맞아야 한다고 가정하자. 이때에 동일한 만족도를 가져다주는 빵과 매의 조합을 생각해보자. 만약 굶어죽기 직전의 사람이 빵 한 개를 먹기 위해서 매를 세 대 맞아야 한다면 그림의 점 A로 그 위치를 나타낼 수

그림 5.2

무차별곡선

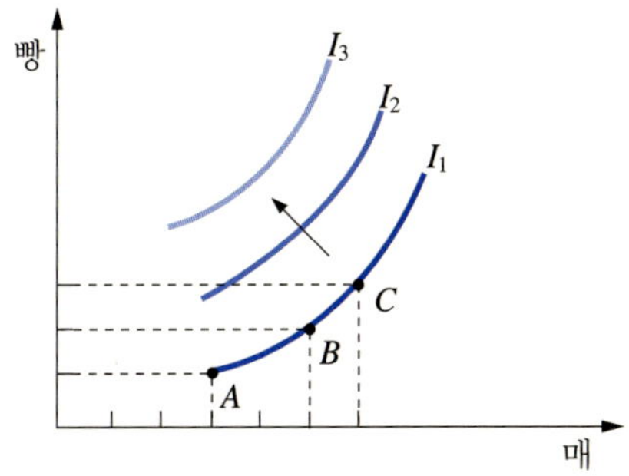

있다. 이렇게 첫 번째 빵 한 개를 먹고 난 사람이 빵을 한 개 더 먹는다면 이 사람은 이제 매를 세 대까지는 맞지 않으려고 할 것이다. 왜냐하면 바로 전에 빵 한 개를 먹어서 죽을 고비는 넘겼기 때문이다. 그러나 아직 많이 배고프기 때문에 매 두 대를 맞을 용의가 있다고 하자. 그러면 그 위치는 그림의 점 B가 된다. 마찬가지로 이제 세 번째 빵을 먹기 위해서 이 사람은 이전보다 덜 배고프기 때문에 이제는 매 한 대를 맞을 용의가 있다고 하자.

이러한 상황에서 빵과 매의 조합 A(빵 1개, 매 3대), B(빵 2개, 매 5대), C(빵 3개, 매 6대)가 이 사람에게 모두 똑같은 수준의 만족도를 준다고 하자. 이때 ABC를 연결시킨 것을 이 사람의 무차별곡선(indifference curve)이라고 하는데 [그림 5.2]의 I_1으로 나타난다. 즉, 포트폴리오이론에서 무차별곡선이란 투자자에게 동일한 효용수준을 가져다주는 수익률과 위험의 조합인 것이다. 그리고 이와 같이 위험(매)을 싫어하는 투자자를 위험회피적인 투자자라고 하는데 위험회피적인 투자자의 무차별곡선은 [그림 5.2]에서 보듯이 우상향하면서 우측으로 갈수록 더 급하게 상승하는 특징을 갖는다.

그리고 그림에서 동일한 무차별곡선상에서는 일정한 효용수준을 나타내지만 화살표방향으로 무차별곡선이 $I_1 \rightarrow I_2 \rightarrow I_3$과 같이 이동하면 효용수준은 더 높아지는 것이다. 따라서 투자자들은 가능하면 더 높은 효용수준이 되도록 투자결정을 할 것이다.

2 개별주식의 기대수익률과 위험

이제부터는 투자대상이 되는 주식과 포트폴리오에 대해서 살펴볼 것이다. 먼저 2절에서는 개별주식의 기대수익률과 위험을 측정하고 이로부터 투자자의 효용수준을 가장 높일 수 있는 투자결정원리를 설명한다. 그리고 3절과 4절에서는 포트폴리오의 기대수익률과 위험을 측정하고 이로부터 똑같이 효용수준을 가장 높일 수 있는 투자결정원리를 설명할 것이다.

2.1 기대수익률

(1) 주식수익률

주식수익률이란 주식으로 보유하여 얻게 되는 수익률을 말한다. 주식을 보유하면 주가상승과 배당으로 이익을 얻게 된다. 따라서 어떤 주식을 P_0에 취득하였는데 1기 후에 주가는 P_1이 되고 배당은 D_1만큼 받았다면 주식수익률 R은 다음 식으로 구할 수 있다.

$$R = \frac{(P_1 - P_0) + D_1}{P_0} \qquad [식\ 5.1]$$

(2) 기대수익률

위 식으로 구한 주식수익률은 1기 후에 실제로 나타난 실현수익률이다. 그런데 기초시점에서는 이 값을 알 수 없다. 그렇기 때문에 앞에서 불확실성을 설명하면서 밝혔듯이 1기 후에 나타날 수 있는 상황별로 발생확률을 파악할 수 있다고 가정한다.

이로부터 각 상황별 주식수익률(R)과 발생확률(p)을 대응시켜서 평균값(또는 기대값)을 구할 수 있는데 이 값을 기대수익률(expected return)이라고 한다.

그래서 어떤 주식의 기대수익률 $E(R)$은 다음과 같이 측정된다.

$$E(R) = p_1 \times R_1 + p_2 \times R_2 + \cdots + p_n \times R_n$$
$$= \sum_{i=1}^{n} p_i \cdot R_i \qquad [식\ 5.2]$$

예제 5-1

현재 가나기업의 주가는 10,000원이다. 1년 후 주가와 배당에 대한 전망이 다음과 같은 확률분포로 파악되었다. 가나주식의 기대수익률은 얼마인가?

상황	발생확률	주가	배당
호황	$\frac{1}{2}$	11,600원	400원
불황	$\frac{1}{2}$	11,000원	-

풀이

먼저 [식 5.1]을 이용해서 호황일 때의 주식수익률을 다음과 같이 구한다.

$$R = \frac{(P_1 - P_0) + D_1}{P_0}$$
$$= \frac{(11,600-10,000) + 400}{10,000} = 0.2\ (20\%)$$

불황일 때의 주식수익률도 같은 방법으로 구하면 다음과 같다.

$$R = \frac{(11,000-10,000) + 0}{10,000} = 0.1\ (10\%)$$

그러면 주식수익률의 확률분포는 다음과 같이 작성할 수 있다.

발생확률	주식수익률(%)
$\frac{1}{2}$	20
$\frac{1}{2}$	10

이제 [식 5.2]를 이용해서 가나주식의 기대수익률을 구하면 다음과 같이 15%가 된다.

$$E(R) = \sum p_i \cdot R_i$$
$$= \frac{1}{2} \times 0.2 + \frac{1}{2} \times 0.1 = 0.15\ (15\%)$$

2.2 위 험

(1) 위험의 의미

재무관리에서 위험(risk)이란 미래 현금흐름의 변동가능성(variability)을 의미한다. 즉, 현금흐름의 변동폭이 작으면 위험이 작고 현금흐름의 변동폭이 크면 위험이 크다고 한다.

예를 들어, 슈퍼마켓의 경우에는 상황이 나쁘다고 해도 큰 손실을 보지는 않고 좋은 상황에서도 막대한 이익을 얻지는 못한다. 그러나 유전사업의 경우에는 나쁜 상황에서는 큰 손실을 볼 수 있는 반면 잘되면 엄청 큰 이익을 올릴 수 있다. 그래서 슈퍼마켓보다 유전사업이 더 위험이 크다고 할 수 있다.

(2) 위험의 측정

주식수익률의 위험은 실제수익률이 평균값으로부터 얼마나 멀리 나타날 수 있는가를 의미한다. 이를 나타내는 값으로 분산(σ^2) 또는 표준편차(σ)를 이용한다. 분산(σ^2)을 구하는 식은 다음과 같다.

$$\sigma^2 = \sum p_i \cdot [R_i - E(R_i)]^2 \qquad [식\ 5.3]$$

위 식의 구조를 보면 분산(variance)이란 개별적으로 나타날 수 있는 실제수익률 R과 기대수익률 $E(R)$과의 차이를 각 발생확률과 대응시켜서 구한다는 것을 알 수 있다. 이때에 주식수익률과 기대수익률과의 차이, 즉 $[R_i - E(R_i)]$를 편차(deviation)라고 한다. 따라서 분산은 편차를 제곱해서 각각의 확률을 곱하여 더한 값이라고 정의할 수 있다.

그런데 분산은 측정단위가 제곱되어 $\%^2$으로 측정된 값이다. 이 분산에 제곱근을 취한 값을 표준편차(standard deviation)라고 하는데 표준편차 역시 위험의 단위로 이용할 수 있다. 표준편차는 %로 측정된 값이기 때문에 수익률의 단위 %와 일치하기 때문에 이해하기가 쉽다.

예제 5-2

가나기업 주식수익률의 확률분포는 다음과 같다.

발생확률	주식수익률(%)
$\frac{1}{2}$	20
$\frac{1}{2}$	10

이 주식의 위험을 분산과 표준편차로 측정하라.

풀이

먼저 기대수익률을 구하면 다음과 같다.

$$E(R) = \sum p_i \cdot R_i$$
$$= \frac{1}{2} \times 0.2 + \frac{1}{2} \times 0.1 = 0.15 \ (15\%)$$

그리고 개별적으로 나타날 수 있는 주식수익률과 기대수익률과의 차이를 발생확률과 대응시켜서 나타내면 다음과 같다.

발생확률	편차(= 주식수익률 − 기대수익률)
$\frac{1}{2}$	20 − 15 = 5%
$\frac{1}{2}$	10 − 15 = −5

분산을 구하기 위해 편차의 제곱에 해당확률을 곱해서 더하면 다음과 같다.

$$\sigma^2 = \sum p_i \cdot [R_i - E(R)]^2$$
$$= \frac{1}{2} \times 5^2 + \frac{1}{2} \times (-5)^2 = 25\%^2$$

그런데 이렇게 구한 분산은 수익률의 제곱값이므로 루트를 취하면 수익률과 똑같은 단위(%)로 바뀌는데 이를 표준편차라고 한다.

$$\sigma = \sqrt{\sigma^2} = \sqrt{25} = 5\%$$

위 예제의 풀이는 통계적 계산과정을 보여주기 위해서 공식을 이용했지만 그 내용은 눈으로도 쉽게 이해할 수 있다.

만약 동전을 던져서 앞면이 나오면 20원을 주고 뒷면이 나오면 10원을 준다고 하자. 그러면 반반의 확률이므로 동전을 던져서 받을 수 있는 평균값이 15원이라는 것은 누구나 쉽게 알 수 있을 것이다. 이 15원이 기대수익이 되는 것이다. 그리고 앞면 또는 뒷면이 나오면 20원 또는 10원을 받으니까 이 값들은 평균값 15원으로부터 5원씩 떨어져 있으므로 위험(표준편차)은 5원이 되는 것이다.

2.3 개별주식의 선택

(1) 지배원리

지금까지의 내용에서 보면 투자대상이 되는 주식의 특성을 기대수익률(평균)과 위험(분산)으로 측정하였다. 그리고 투자자들의 효용수준도 이 두 가지 특성에 의해서 결정되기 때문에 이를 기준으로 주식을 선택하게 되는데 이를 평균-분산기준(mean-variance criterion)이라고 한다. 평균-분산기준에 따르면 투자자들은 기대수익률이 같으면 위험이 작은 주식을 선택하고, 위험이 같으면 기대수익률이 높은 주식을 선택하게 된다. 이를 지배원리(dominance principle)라고 한다.

그림 5.3
개별주식의 선택

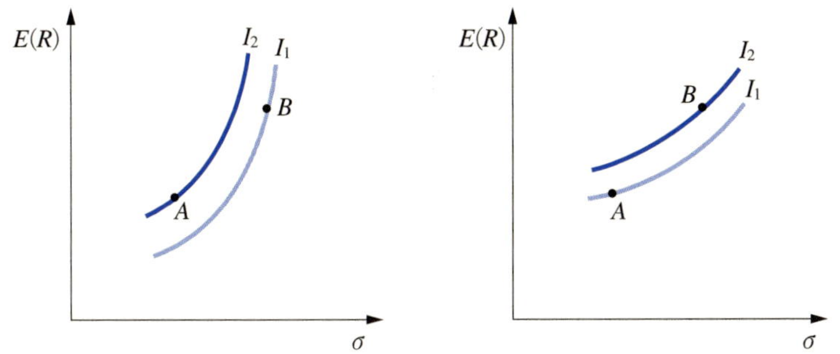

(a) 더 위험회피적인 투자자 (b) 덜 위험회피적인 투자자

(2) 효용극대화

그런데 만약 이러한 지배관계가 성립되지 않는 다음과 같은 상황이라면 어떤 기준으로 주식을 선택하게 되는가 살펴보자.

	주식 A	주식 B
기대수익률	15%	20%
표준편차	5	10

주식 A와 B는 기대수익률과 표준편차가 모두 서로 다른데 이를 [그림 5.3]과 같이 기대수익률 – 위험의 평면에 나타낼 수 있다. 이러한 경우에 투자자는 효용을 극대화할 수 있는 주식을 선택한다. 무차별곡선이 그림(a)와 같이 생긴 투자자라면 더 높은 효용을 나타내는 위쪽의 무차별곡선과 만나는 주식 A를 선택할 것이다. 그러나 무차별곡선이 그림(b)와 같이 생긴 투자자라면 주식 B를 선택할 것이다. 즉, 지배관계가 성립하지 않는 상황에서는 투자자의 무차별곡선이 나타내는 효용이 가장 크게 되도록 주식을 선택하는 것이다.[1)]

1) 그림을 보면 투자자 (a)는 일정수준의 효용을 유지하기 위해서 추가되는 단위당 위험에 대해서 더 높은 수익률을 요구한다는 것을 알수 있다. 그래서 투자자 (b)보다 더 위험회피적인 사람이라고 한다.

3 두 주식으로 구성된 포트폴리오

이제부터는 포트폴리오의 투자결정문제를 다루겠다. 여기에서는 먼저 가장 간단한 형태로서 두 종목의 주식으로 포트폴리오를 구성할 때에 포트폴리오의 기대수익률과 위험을 측정하는 방법을 설명한다. 그리고 이를 바탕으로 투자자가 효용수준을 가장 높일 수 있는 투자방법을 살펴보겠다.

3.1 기대수익률

두 주식으로 구성된 포트폴리오의 기대수익률을 어떻게 구하는지 살펴보자. 우선 A주식과 B주식에 w_A, w_B만큼의 비율로 투자한 포트폴리오가 있다고 하자. 이때 w_A는 전체투자액 중 A주식에 투자한 비율이고 w_B는 B주식에 투자한 비율로서 그 합계는 1이 된다. 이렇게 투자한 포트폴리오의 기대수익률 $E(R_p)$는 다음과 같이 각 주식의 기대수익률에 투자비율을 곱한 값을 더하여 구한다.

$$E(R_p) = w_A E(R_A) + w_B E(R_B) \qquad \text{[식 5.4]}$$

$$\text{단, } w_A + w_B = 1$$

3.2 위 험

(1) 포트폴리오의 위험

이번에는 두 주식으로 구성한 포트폴리오의 위험을 구해보자. 두 주식으로 구성한 포트폴리오의 위험(분산)을 먼저 그림으로 나타내면 [그림 5.4]와 같은 구조를 갖는다.

그림 5.4 두 주식으로 구성된 포트폴리오의 위험(분산)

그리고 산술적으로 이 값은 다음과 같은 두 가지 식으로 산출한다.

$$\begin{aligned}\sigma_p^2 &= w_A^2 \sigma_A^2 + w_B^2 \sigma_B^2 + 2 w_A w_B \sigma_{AB} \\ &= w_A^2 \sigma_A^2 + w_B^2 \sigma_B^2 + 2 w_A w_B \rho_{AB} \sigma_A \sigma_B \end{aligned} \qquad [식\ 5.5]$$

위의 두 식에서 세 번째 항에 있는 공분산(σ_{AB})이나 상관계수(ρ_{AB})는 두 주식의 가격이 어떤 관계를 갖고 변동하는가에 의해 결정되는 값들이다. 그래서 공분산과 상관계수에 대해서 먼저 살펴볼 필요가 있겠다.

(2) 공분산과 상관계수

공분산과 상관계수는 모두 두 개 확률변수가 어느 정도로 함께 움직이는가를 측정하는 지표들이다. 먼저 공분산(covariance)은 다음 식으로 산출한다.

$$\begin{aligned}\sigma_{AB} &= Cov(R_A, R_B) \\ &= \sum p_i [R_A - E(R_A)][R_B - E(R_B)] \end{aligned} \qquad [식\ 5.6]$$

이 식의 구조를 보면 공분산이란 두 변수의 편차곱에 각각의 발생확률을 곱하여 더한 값이라는 것을 알 수 있다.

표 5.2

A, B의 변동 방향에 따른 공분산부호

A와 B의 방향	A의 편차 $[R_A - E(R_A)]$	B의 편차 $[R_B - E(R_B)]$	두 편차의 곱 $[R_A - E(R_A)][R_B - E(R_B)]$	공분산
A상승, B상승	+	+	+	+
A하락, B하락	−	−		
A상승, B하락	+	−	−	−
A하락, B상승	−	+		

A값이 커질 때 B값도 함께 커진다면 두 편차가 모두 양의 값을 가지므로 편차의 곱도 양의 값을 가진다. 또 A값이 작아질 때 B값도 함께 작아진다면 두 편차가 모두 음의 값을 가지므로 두 편차의 곱은 역시 양의 값을 가진다. 즉, A와 B가 같은 방향으로 움직이면 두 편차의 곱은 양의 값을 갖고 공분산도 양의 값을 가진다. 그러나 이와는 반대로 A와 B가 반대방향으로 움직이면 편차의 곱은 음수가 되고 공분산도 음의 값을 갖게 된다. 〈표 5.2〉는 이러한 내용을 요약한 것이다.

이와 같이 공분산의 부호를 보면 A와 B의 변동이 어떤 관계에 있는지 알 수 있다. 그런데 공분산은 변수를 측정하는 단위에 따라 그 크기가 달라지는 문제점이 있다. 이러한 문제점을 해결하기 위해서 다음과 같이 공분산을 각 변수의 표준편차의 곱으로 나누어 표준화시킨 값을 이용한다. 이 값을 상관계수(correlation coefiicient)라고 한다.

$$즉,\ \sigma_{AB} = \rho_{AB}\sigma_A\sigma_B \longrightarrow \rho_{AB} = \frac{\sigma_{AB}}{\sigma_A\sigma_B} \qquad [식\ 5.7]$$

이렇게 표준화시킨 상관계수 ρ_{AB}는 로(rho)라고 부르는데 $-1 \le \rho_{AB} \le +1$의 범위에 존재한다. 상관계수가 −1에 가까우면 A와 B는 거의 반대방향으로 움직이는 것이고 +1에 가까우면 거의 같은 방향으로 움직이는 것이다. 그리고 0에 가까운 상관계수는 A와 B의 변동방향이 별로 관계가 없다는 것을 의미한다.

예제 5-3

A, B 두 주식의 기대수익률과 표준편차는 다음과 같다.

	주식 A	주식 B
기대수익률	15%	20%
표준편차	5	10

(1) A주식에 60%를, B주식에 40%를 투자한 포트폴리오의 기대수익률은 얼마인가?

(2) 두 주식의 상관계수가 0.8이라면 공분산은 얼마인가?

(3) (1)과 같이 구성한 포트폴리오의 위험을 측정하라.

(4) A, B 주식과 위의 포트폴리오의 위치를 기대수익률과 위험의 평면에 그림으로 나타내라.

풀이

(1) 포트폴리오의 기대수익률은 개별주식의 기대수익률을 투자비율로 가중평균한 값으로서 다음과 같이 구한다. [식 5.4] 참조.

$$E(R_p) = w_A E(R_A) + w_B E(R_B)$$
$$= 0.6 \times 15 + 0.4 \times 20 = 17(\%)$$

(2) 공분산은 개별주식의 표준편차의 곱에 상관계수를 곱한 값이다. [식 5.7] 참조.

$$\sigma_{AB} = \rho_{AB}\sigma_A\sigma_B$$
$$= 0.8 \times 5 \times 10 = 40(\%^2)$$

(3) 포트폴리오의 위험을 분산으로 측정하면 다음과 같다. [식 5.5] 참조.

$$\sigma_p^2 = w_A^2\sigma_A^2 + w_B^2\sigma_B^2 + 2w_Aw_B\sigma_{AB}$$
$$= (0.6 \times 5)^2 + (0.4 \times 10)^2 + 2 \times 0.6 \times 0.4 \times 40 = 44.2(\%^2)$$

이를 표준편차로 바꾸어 소수점 첫 자리까지 나타내면 다음과 같다.

$$\sigma = \sqrt{\sigma^2} = \sqrt{44.2} = 6.6\%$$

(4) Y축에 기대수익률, X축에 위험(표준편차)을 나타내는 평면에 A, B 주식과 포트폴리오(P)의 위치를 표시하면 다음과 같다.

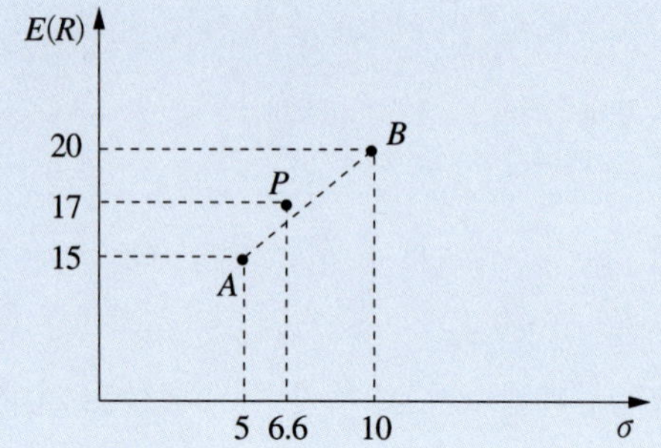

〈포트폴리오의 기대수익률과 표준편차〉

3.2 상관계수와 포트폴리오

두 주식으로 구성된 포트폴리오에서 각 주식의 기대수익률과 표준편차를 알고 있을 때, 구성비율 w_A, w_B를 달리하면 이 포트폴리오의 기대수익률과 표준편차는 어떤 관계를 보일까?

이들의 관계는 두 주식수익률의 상관관계에 따라서 다른 형태를 보인다. 이해를 쉽게 하기 위해서 두 주식수익률의 상관계수가 $\rho = +1$, $\rho = 0$, $\rho = -1$인 경우를 차례로 살펴보자.

(1) 상관계수 $\rho = +1$일 때

포트폴리오의 기대수익률은 다음과 같다.

$$E(R_p) = w_A E(R_A) + w_B E(R_B)$$

그리고 분산 및 표준편차는 다음과 같다.

$$\sigma_p^2 = w_A^2\sigma_A^2 + w_B^2\sigma_B^2 + 2w_A w_B \rho_{AB}\sigma_A\sigma_B$$
$$= w_A^2\sigma_A^2 + w_B^2\sigma_B^2 + 2w_A w_B \sigma_A\sigma_B \qquad (\because \rho = +1)$$
$$\sigma_p = \sqrt{(w_A\sigma_A + w_B\sigma_B)^2}$$
$$= w_A\sigma_A + w_B\sigma_B$$

이 표준편차는 기대수익률과 마찬가지로 개별주식의 표준편차를 투자비율로 가중평균한 값과 같다.

(2) 상관계수 $\rho = 0$일 때

포트폴리오의 기대수익률은 앞서 구한 것과 같다.

$$E(R_p) = w_A E(R_A) + w_B E(R_B)$$

그리고 분산 및 표준편차는 다음과 같다.

$$\sigma_p^2 = w_A^2\sigma_A^2 + w_B^2\sigma_B^2 + 2w_A w_B \rho_{AB}\sigma_A\sigma_B$$
$$= w_A^2\sigma_A^2 + w_B^2\sigma_B^2 \qquad (\because \rho = 0)$$
$$\sigma_p = \sqrt{w_A^2\sigma_A^2 + w_B^2\sigma_B^2}$$

이 값은 $\rho = 1$일 때의 표준편차보다 더 작은 값을 갖는다. 왜냐하면 $\sqrt{w_A^2\sigma_A^2 + w_B^2\sigma_B^2} < w_A\sigma_A + w_B\sigma_B$ 이기 때문이다. 이 결과를 $\rho = 1$일 때와 비교해보면 기대수익률은 똑같은데 위험은 더 작다는 의미이다.

(3) 상관계수 $\rho = -1$일 때

포트폴리오의 기대수익률은 역시 앞서 구한 것과 같다.

$$E(R_p) = w_A E(R_A) + w_B E(R_B)$$

그리고 분산 및 표준편차는 다음과 같다.

그림 5.5

두 주식으로 구성된 포트폴리오

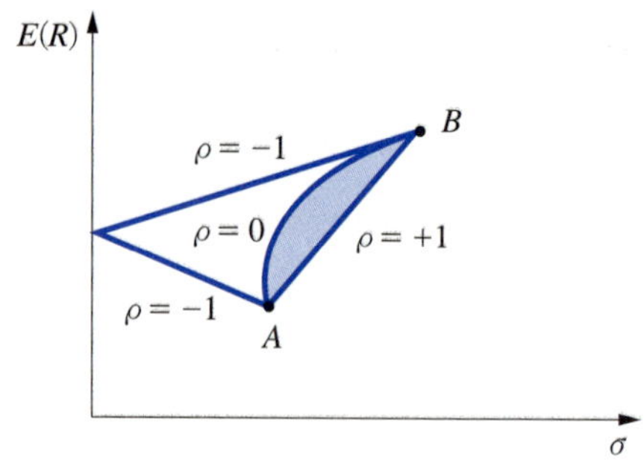

$$\sigma_p^2 = w_A^2\sigma_A^2 + w_B^2\sigma_B^2 + 2w_Aw_B\rho_{AB}\sigma_A\sigma_B$$

$$\sigma_p^2 = w_A^2\sigma_A^2 + w_B^2\sigma_B^2 - 2w_Aw_B\sigma_A\sigma_B \qquad (\because\ \rho = -1)$$

$$\sigma_p = \sqrt{(w_A\sigma_A - w_B\sigma_B)^2}$$

$$= |w_A\sigma_A - w_B\sigma_B|$$

여기서 $w_A\sigma_A > w_B\sigma_B$ 이면 $\sigma_p = w_A\sigma_A - w_B\sigma_B$

$w_A\sigma_A < w_B\sigma_B$ 이면 $\sigma_p = -w_A\sigma_A + w_B\sigma_B$

그런데 이처럼 상관계수가 −1일 때에는 각 주식에 대한 투자비율을 $\frac{w_A}{w_B} = \frac{\sigma_B}{\sigma_A}$가 되도록 조정하면 $w_A\sigma_A = w_B\sigma_B$가 되어 포트폴리오의 위험을 0으로 만들 수 있다. 따라서 이 포트폴리오를 그림에 나타내면 [그림 5.5]에서 보듯이 위험이 0인 *Y*축을 지나가게 된다.

이 그림에서 보듯이 상관계수가 −1인 경우 포트폴리오의 표준편차도 개별주식의 표준편차를 투자비율로 가중평균한 값보다 작다는 것을 알 수 있다.

이제 위의 각 경우에 해당하는 기대수익률과 표준편차의 관계는 [그림 5.5]에서 확인할 수 있다. 그런데 대부분의 주식들이 경기변동에 같은 영향을 받기 때문에 $0 < \rho < 1$ 사이에 존재하는 것이 일반적이다. 따라서 분석대상이 되는 투자안들은 대개 위 그림에서 색칠된 부분에 포함된다.

그림 5.6

두 주식으로 구성된 포트폴리오의 선택

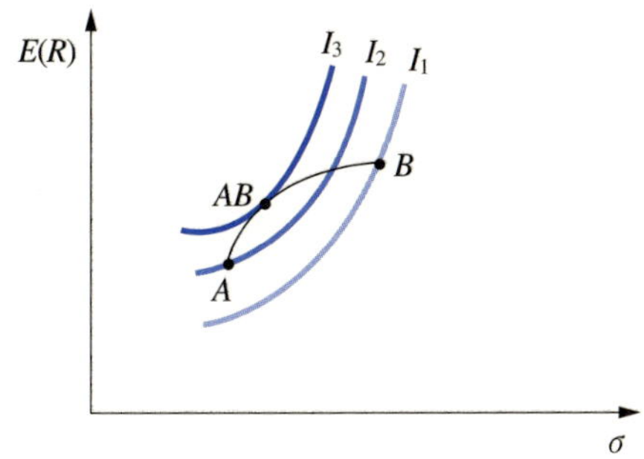

3.4 포트폴리오의 선택

이미 앞서 설명하였듯이 두 주식으로 포트폴리오를 구성하면 그 기대수익률은 두 주식의 기대수익률을 가중평균한 값과 같다. 그러나 포트폴리오의 표준편차는 두 주식의 표준편차를 가중평균한 값보다 작은 것이 일반적이다.[2] 이러한 효과를 분산투자효과(diversification effect) 또는 포트폴리오효과(portfolio effect)라고 한다.

이러한 효과를 반영해서 A, B주식과 이 두 주식으로 구성한 포트폴리오를 [그림 5.6]에서와 같이 나타낼 수 있다. 여기에 어떤 투자자의 효용수준을 무차별곡선으로 함께 나타내보자. 이 투자자로서는 B주식보다는 A주식을 선택하는 것이 효용이 더 크다. 왜냐하면 A주식을 선택하는 경우의 효용수준 I_2가 B주식을 선택하는 경우의 효용수준 I_1보다 더 높기 때문이다. 그런데 A, B주식에 동시에 투자하여 포트폴리오를 구성할 수 있다면 A주식에만 투자할 때보다 효용을 더 크게 할 수 있다. 구성할 수 있는 여러 포트폴리오 중에서도 AB점에 투자하면 가장 높은 효용수준 I_3를 누릴 수 있게 된다. 그래서 AB점이 바로 투자자의 최선의 선택점이 되는데 이를 최적포트폴리오(optimal portfolio)라고 한다.

2) 이론적으로는 상관계수가 +1인 경우에 포트폴리오의 표준편차가 두 주식의 표준편차를 가중평균한 값과 같다. 그러나 현실적으로는 두 주식의 상관계수가 +1인 경우는 거의 없기 때문에 항상 분산투자효과가 있게 된다.

그림 5.7
다수 주식으로 구성된 포트폴리오

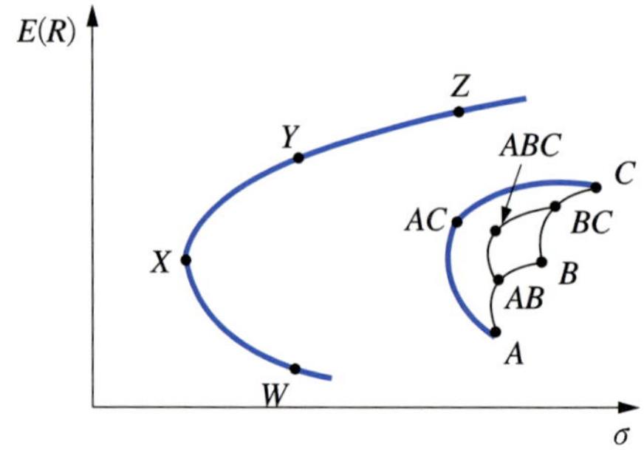

4 다수 주식으로 구성된 포트폴리오

4.1 포트폴리오집합

대부분의 주식들은 경기변동에 대해서 같은 방향으로 영향을 받기 때문에 이들 간의 상관계수는 대개 0과 1 사이의 값을 갖는다고 하였다. 그렇기 때문에 두 주식으로 구성된 포트폴리오의 집합은 앞의 [그림 5.5]의 색칠된 부분에 곡선으로 나타난다고 하였다.

그런데 현실적으로 증권시장에서는 매우 많은 종목의 주식들이 존재한다. 이들로 구성할 수 있는 포트폴리오집합은 좀 더 복잡하기는 하지만 기본적으로는 두 주식으로 포트폴리오를 구성하는 것과 동일한 구조를 갖는다.

[그림 5.7]은 다수 주식으로 구성할 수 있는 포트폴리오집합을 나타낸 것이다. 먼저 A, B, C라는 세 주식들로 구성할 수 있는 포트폴리오는 AB, BC, AC, ABC 등으로 다양하게 나타난다. 이외에 더 많은 종목에 투자할 수 있는 가능성까지 고려하면 구성할 수 있는 포트폴리오집합은 최종적으로 WXYZ로 연결되는 선의 안쪽 영역으로 나타나게 된다.

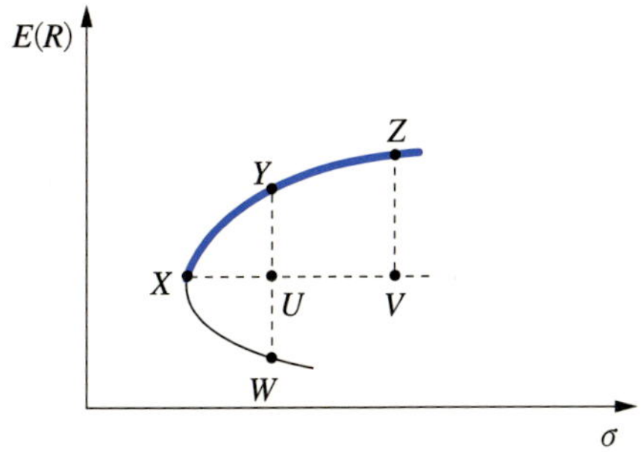

그림 5.8
지배원리와 효율적 투자선

4.2 지배원리와 효율적 투자선

최종적으로 투자가능한 포트폴리오집합은 WXYZ로 연결되는 선의 안쪽 영역이라고 하였다. 이를 대상으로 지배원리를 적용해보자. 지배원리란 평균-분산기준에 따라서 기대수익률이 동일할 때에는 위험이 작은 것을 선택하고, 위험이 동일하면 기대수익률이 큰 투자안을 선택하는 것이라고 하였다.

위의 [그림 5.8]에서 X는 기대수익률이 동일하지만 위험이 더 큰 U와 V를 지배한다. 그리고 Y는 위험이 동일하지만 기대수익률이 더 작은 U와 W를 지배한다. 같은 논리로 Z는 V를 지배한다.

분석대상이 되는 투자가능영역 전체에 대해서 지배원리를 충족시키는 포트폴리오집합을 마코위츠의 효율적 투자선(efficient frontier)이라고 한다. [그림 5.8]에서는 X점에서 시작하여 Y, Z를 통과하는 색선으로 나타낸 것이 효율적 투자선에 해당된다.

4.3 포트폴리오의 선택

효율적 투자선 상의 X, Y, Z 사이에는 지배원리가 적용되지 않는다. 이들 중 어떤 것이 선택되는가 하는 것은 투자자의 무차별곡선의 형

그림 5.9

다수 주식으로 구성된 포트폴리오의 선택

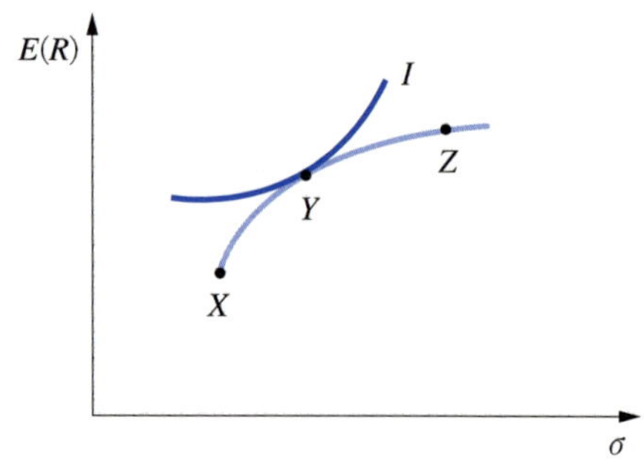

태에 따라서 달라진다. 이는 개별주식의 선택과정을 나타내는 [그림 5.3]에서도 쉽게 확인할 수 있었다.

일단 효율적 투자선이 파악되면 투자자들은 자신의 무차별곡선과 효율적 투자선이 접하는 점의 투자안을 선택함으로써 효용을 가장 크게 할 수 있다. [그림 5.9]에서는 점 Y가 바로 투자자의 효용을 최대화하는 최적포트폴리오가 된다.

4.4 효용수준의 비교

끝으로 지금까지 설명한 각각의 경우에 대해서 다음과 같이 그 효용수준을 비교해보자.

① 개별주식에 투자할 경우
② 두 주식 포트폴리오에 투자할 경우
③ 다수 주식 포트폴리오에 투자할 경우

이러한 경우의 효용수준을 비교하기 위해서 각 경우의 최적선택과정을 보이는 [그림 5.3]과 [그림 5.6], 그리고 [그림 5.9]를 함께 나타내 보겠다. 다음의 [그림 5.10]이 그것인데 이로부터 우리는 각 경우에서의 투자자의 효용수준을 명확하게 비교할 수 있다.

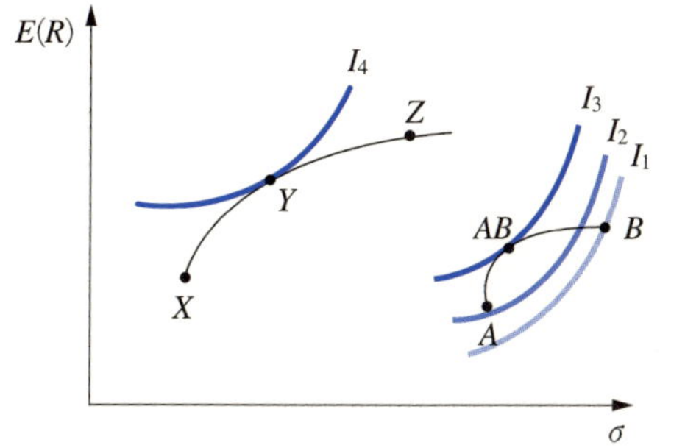

그림 5.10
효용수준의 비교

일단 A와 B 중에서 하나를 선택해야 한다면 더 높은 효용을 주는 A를 선택한다. 그리고 단일주식 A에 투자하는 경우보다 A와 B로 구성된 포트폴리오 AB에 투자하는 경우에 무차별곡선이 더 위에 있으므로 효용이 더 크다고 할 수 있다. 같은 논리로 시장의 다수 주식들로 구성된 포트폴리오 Y에 투자할 경우의 효용수준을 나타내는 무차별곡선 I_4는 AB에 투자할 경우의 무차별곡선 I_3보다 더 높게 있으므로 효용이 더 크다는 것을 알 수 있다. 따라서 포트폴리오 Y가 최적포트폴리오가 된다. 그리고 이로부터 우리는 투자대상이 많으면 많을수록 그만큼 투자자의 효용은 더 증가한다는 결론을 함께 얻을 수 있는 것이다.

제5장 | 포트폴리오이론

요약

1. 포트폴리오이론은 위험자산에 대한 투자결정문제를 다루는 것이다.
2. 투자자의 효용은 기대수익률과 위험에 의해서 결정되며 투자자의 효용수준은 우상향하는 형태의 무차별곡선으로 나타난다.
3. 모든 위험자산(주식 또는 포트폴리오)도 기대수익률과 위험으로 평가된다.
4. 투자할 수 있는 투자기회집합 중에서 실제 투자대상으로 고려되는 것은 지배원리를 충족시키는 효율적 투자선이다.
5. 최적투자는 무차별곡선과 효율적 투자선이 접하는 점에서 이루어지며 이 점이 최적포트폴리오가 된다.
6. 최적투자의 결정과정을 보면 개별주식에만 투자하는 것보다 포트폴리오에 투자하는 것이 투자자의 효용을 더 높이는 것임을 알 수 있다.

종합예제

주식 1의 기대수익률은 28%, 표준편차는 30%이며 주식 2의 기대수익률과 표준편차는 각각 16%, 10%이다. 그리고 두 주식수익률의 상관계수는 −1이라고 가정하자.

(1) 두 주식으로 구성되는 포트폴리오의 기대수익률과 위험(표준편차)의 관계를 나타내는 식을 구하고 그림으로 나타내라. 그리고 주식 1, 주식 2의 위치를 표시하라.

(2) 두 주식으로 구성되는 포트폴리오 중 위험이 가장 작은 포트폴리오는 두 주식에 얼마만큼씩 투자하는 포트폴리오인가?

풀이

(1) 주식 1에 투자비율을 w_1이라면 주식 2의 투자비율 w_2는 $(1-w_1)$가 된다. 이렇게 구성한 포트폴리오의 기대수익률과 표준편차는 다음과 같다.

$$E(R_P)=w_1E(R_1)+(1-w_1)E(R_2)$$
$$=0.28\,w_1+0.16(1-w_1)$$
$$=0.16+0.12w_1 \quad \cdots\cdots ①$$
$$\sigma_P^2=w_1^2\sigma_1^2+w_2^2\sigma_2^2+2w_1w_2\rho_{12}\sigma_1\sigma_2$$
$$=w_1^2\sigma_1^2+w_2^2\sigma_2^2+2w_1w_2(-1)\sigma_1\sigma_2$$
$$=(w_1\sigma_1-w_2\sigma_2)^2$$
$$\sigma_P=|\,w_1\sigma_1-w_2\sigma_2\,|$$
$$=|\,0.3w_1-0.1(1-w_1)\,|$$
$$=|\,0.4w_1-0.1\,|$$

여기서 $0.4w_1>0.1$, 즉 $w_1>0.25$이면 $\sigma_P=0.4w_1-0.1$ ······ ②

$w_1<0.25$이면 $\sigma_P=0.1-0.4w_1$ ······ ③

따라서 $w_1>0.25$이면 식 ①, ②에서 w_1을 소거하고 $w_1<0.25$이면 식 ①, ③에서 w_1을 소거하여 $E(R_P)$와 σ_P의 관계식을 구한다.

$w_1>0.25$ 이면 $E(R_P)=0.19+0.3\sigma_P$ ······ ④

$w_1<0.25$ 이면 $E(R_P)=0.19-0.3\sigma_P$ ······ ⑤

이를 그림으로 나타내면 다음과 같다.

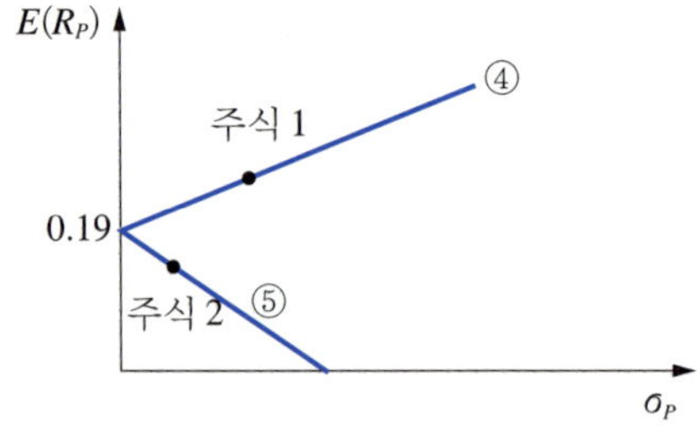

(2) $\sigma_P = |0.4w_1 - 0.1| = 0$ 일 때 위험이 가장 작은 포트폴리오(MVP: minimum variance portfolio)가 된다.

$$\therefore \ w_1 = 0.25 \ (25\%)$$

즉, 주식 1에 25%, 주식 2에 75%를 투자하면 된다.

06

자본자산가격결정모형

1. 기초개념
2. 자본시장선
3. 체계적 위험, 베타(β)
4. 증권시장선

Financial Management

앞서 제5장에서 살펴본 포트폴리오이론은 이제부터 설명할 자본자산가격결정모형(CAPM)을 도출하기 위한 것이라고 할 수 있다. 그만큼 CAPM이 중요하다는 의미이다. 왜냐하면 CAPM은 위험과 수익률(할인율)의 관계를 보여주는 식이기 때문이다. 이제까지는 현재가치를 구하면서 주어진 할인율을 이용했지만 이제부터는 할인율을 직접 구해야 한다. 그 대신 할인율을 구하는데 필요한 위험정보가 주어질 것인데 CAPM을 이용하면 주어진 위험에 알맞은 할인율을 구할 수 있다. 이렇게 구한 할인율로 현재가치를 산출하면 이 값이 균형가격이 되는 것이다.

1 기초개념

앞서 제5장의 포트폴리오이론은 주식과 같은 위험자산을 투자대상으로 할 때의 투자결정원리를 다룬 것이다. 그런데 현실적으로는 미래수익이 확실한 금액으로 파악되는 무위험자산도 함께 존재한다. 국공채나 은행예금 같은 것들이 그것인데 이제부터는 투자대상에 이러한 무위험자산까지 포함해서 투자결정원리를 살펴보겠다.

그리고 이러한 투자결정과정에서 위험과 수익률(할인율)의 관계식을 구할 수 있는데 이것이 바로 자본자산가격결정모형(CAPM : capital asset pricing model)이다. 즉, 위험정보를 알면 이를 CAPM에 대입해서 기대수익률을 알 수 있고 이 기대수익률을 할인율로 이용해서 미래현금흐름의 현재가치를 구할 수 있다. 이렇게 구한 현재가치가 균형가격이므로 CAPM을 가격결정모형이라고 부르는 것이다.

그런데 CAPM은 두 가지 모형을 포함하고 있다. 하나는 자본시장선이고 다른 하나는 증권시장선이다. 그러나 일반적으로 CAPM이라고 말할 때에는 증권시장선을 지칭하는 경우가 많다. 우선 자본시장선을 살펴보고 난 후 증권시장선을 설명하겠다.

3 자본시장선

2.1 의 의

자본시장선(CML : capital market line)을 한 마디로 정의하면 무위험자산이 존재할 때의 효율적 투자선이라고 할 수 있다. 포트폴리오이론에서의 효율적 투자선은 주식과 같은 위험자산만을 투자대상으로 한

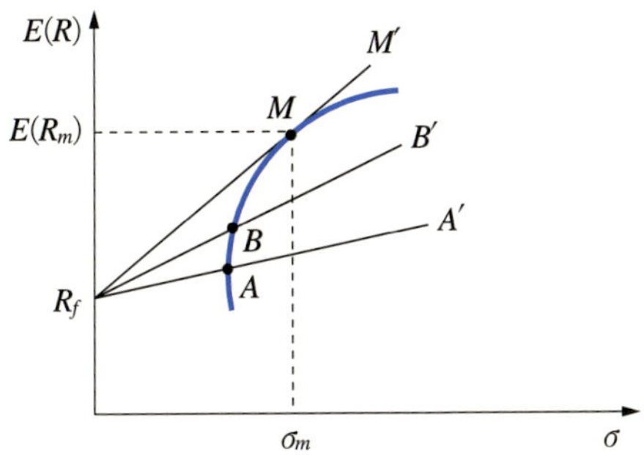

그림 6.1
위험자산과 무위험자산의 결합-자본시장선

것이었다. 그러나 실제로는 정기예금이나 국공채같이 미래수익이 확정된 무위험자산에까지 투자할 수 있다. 따라서 이들까지 투자대상에 포함시키는 것이 더 현실적이라고 할 수 있다. 이러한 상황에서도 지배원리를 충족하는 효율적 투자선을 찾아낼 수 있는데 이렇게 찾아낸 효율적 투자선이 바로 자본시장선이다.

2.2 도 출

먼저 [그림 6.1]에서 투자자금의 일부인 w를 Markowitz 효율적 투자선상의 위험자산 A에 투자하고 나머지 $(1 - w)$를 무위험자산에 투자하여 구성한 포트폴리오를 생각해 보자. 쉽게 말하면 이는 100만원을 가진 투자자가 40만원은 주식에 투자하고 나머지 60만원은 은행에 예금한 것이다. 이때에 $w = 0.4$가 된다.

이제 이 포트폴리오의 기대수익률과 위험을 구해보자. 우선 이 포트폴리오의 기대수익률은 다음과 같다.

$$E(R_p) = wE(R_A) + (1 - w)R_f \qquad [식\ 6.1]$$

이때에 R_f는 예금이자율 또는 국공채수익률과 같이 무위험자산에 투자할 때 얻는 수익률이다. 그런데 무위험자산은 미래에 확정된 수익을 가져다주기 때문에 R_f는 확률변수가 아닌 상수가 된다. 그래서 $E(R_f)$가 아닌 R_f로 표시된 것이다.

이번에는 이 포트폴리오의 분산을 구해보자.

$$\sigma_p^2 = w^2\sigma_A^2 + (1-w)^2\sigma_f^2 + 2w(1-w)\sigma_{Af} \qquad \text{[식 6.2]}$$

그런데 앞서 R_f는 상수라고 했으므로 위 식에서 R_f에 대한 분산(σ_f^2)이나 공분산(σ_{Af})은 모두 0이 된다. 따라서 위 식을 다음과 같이 정리하여 w를 구할 수 있다.

$$\sigma_p^2 = w^2\sigma_A^2 \rightarrow \sigma_p = w\sigma_A \rightarrow w = \frac{\sigma_p}{\sigma_A} \qquad \text{[식 6.3]}$$

이렇게 구한 w를 [식 6.1]에 대입하면 다음과 같은 식을 구할 수 있다.

$$E(R_p) = R_f + \left[\frac{E(R_A) - R_f}{\sigma_A}\right] \cdot \sigma_p \qquad \text{[식 6.4]}$$

이 식을 그림으로 나타내면 직선 R_fAA'가 된다. 이는 투자자금의 일부를 위험자산 A에 투자하고 나머지를 무위험자산(은행예금)에 투자하면 투자기회선이 직선식 R_fAA'로 나타난다는 뜻이다.[1)]

동일한 원리로 위험자산 B와 무위험자산을 결합시키면 투자기회선은 직선식 R_fBB'로 나타난다. 이러한 직선식은 어떤 위험자산을 무위험자산과 결합시키느냐에 따라서 무수히 많게 나타날 수 있다. 이러한 직선식들 중에서 지배원리를 만족하는 가장 좋은 식은 R_fMM'가 되는데 이를 자본시장선(CML: capital market line)이라고 한다. 그리고 [식

---

1) 이때에 $0<w<1$ 이면 위험자산과 무위험자산에 분산투자하여 구성한 포트폴리오가 R_fA에 존재하는 것이다. 그러나 $w>1$ 이면 $(1-w)<0$ 이 되는데 이는 무위험자산을 빌려서(은행에서 돈을 빌려서) 보유자금과 합쳐서 모두 위험자산 A에 투자한다는 것이다. 이때의 포트폴리오의 위치는 AA' 상에 있게 된다.

6.4]를 이용하면 CML을 다음 식으로 나타낼 수 있다.

$$E(R_p) = R_f + \left[\frac{E(R_m) - R_f}{\sigma_m}\right] \cdot \sigma_p \qquad [식\ 6.5]$$

2.3 시장포트폴리오

(1) 시장포트폴리오의 의의

투자자들은 무위험자산과 함께 투자할 위험자산으로 어떤 것을 선택할까? 즉, 은행에 예금하면서 동시에 투자할 대상으로 무엇을 선택할까? [그림 6.1]에서 보면 M을 선택할 것이 분명하다. 그래야만 지배원리를 충족하는 가장 좋은 투자기회선을 누릴 수 있기 때문이다. 이렇게 무위험자산이 존재할 때에 Markowitz 효율적 투자선상에서 투자자들이 선택하는 가장 우월한 포트폴리오 M을 시장포트폴리오(market portfolio)라고 한다.

(2) 시장포트폴리오의 구성주식

그러면 시장포트폴리오 M을 구성하는 주식은 어떤 것들인가? 결론부터 말하면 시장에 존재하는 모든 주식들이 시장포트폴리오 M에 포함된다.

이를 확인하기 위해서 삼성전자주식이 시장포트폴리오 M에 포함되어 있지 않다고 가정해 보자. 그러면 모든 투자자가 시장포트폴리오 M에만 투자하고 어떤 투자자도 삼성전자에는 투자하지 않을 것이다. 그러면 수요가 없는 삼성전자주식은 시장에 존재할 수 없게 된다. 그런데 시장에 삼성전자주식이 존재하는 것을 보면 삼성전자주식은 시장포트폴리오 M에 포함되어 있다는 뜻이다.

시장에 존재하는 모든 주식에 대해서도 똑같은 논리가 성립된다. 이는 곧 시장에 존재하는 모든 주식이 시장포트폴리오 M에 포함된다는 것이다. 이를 달리 말하면 시장포트폴리오는 시장의 모든 주식으로 구성된다는 의미가 된다.

(3) 시장포트폴리오의 기대수익률과 위험

증권시장에 존재하는 주식들을 모두 구입한다면 이는 곧 시장포트폴리오에 투자하는 것이 된다. 그러나 [그림 6.1]에서 보듯이 기대수익률-위험의 평면에서 우리는 시장포트폴리오의 위치를 금액으로 나타내는 것이 아니고 수익률로 나타내기 때문에 시장의 모든 주식들을 구입한 것과 동일한 수익률을 얻을 수 있도록 투자하기만 하면 시장포트폴리오에 투자한 것이 된다.

그러면 일정한 금액으로 시장포트폴리오를 구성하려면 총금액 중 얼마만큼의 금액을 각 개별증권에 투자해야 하는가? 이를 위한 방법은 총금액 중 다음과 같이 산출된 비율 w_i만큼을 주식 i에 투자하는 것이다.

$$w_i = \frac{\text{주식 } i\text{의 총시장가치}}{\text{시장전체주식의 총시장가치}}$$

이러한 투자방법에서 우리는 시장포트폴리오란 시장전체주식에 대해서 각 주식을 그 시가비율로 투자한 포트폴리오라는 것을 알 수 있다. 따라서 시장포트폴리오의 기대수익률을 산출하기 위해서는 시장전체 주식의 가격변동과 배당에 따른 수익률을 구해야 한다. 그러나 이를 직접 구할 필요는 없다. 왜냐하면 시가총액법으로 산출한 종합주가지수의 변동률을 이용하면 그와 똑같은 효과를 얻을 수 있기 때문이다.

예제 6-1

현재의 주가지수는 1,000포인트이다. 1년 후의 주가지수에 대한 정보가 다음과 같은 확률분포로 파악되었다.

상 황	확 률	주가지수(포인트)
호황	$\frac{1}{2}$	1,250
불황	$\frac{1}{2}$	1,070

시장포트폴리오의 기대수익률과 위험(표준편차)을 구하라.

풀이

주어진 주가지수에 대한 정보를 주가지수변동률에 대한 확률분포로 나타내면 다음과 같다.

확 률	주가지수변동률(%)
$\frac{1}{2}$	25
$\frac{1}{2}$	7

먼저 확률분포의 평균값(기대수익률)을 구하면 다음과 같다.

$$\begin{aligned} E(R) &= \sum p_i \cdot R_i \\ &= \frac{1}{2} \times 0.25 + \frac{1}{2} \times 0.07 = 0.16\ (16\%) \end{aligned}$$

그리고 분산을 구한 후 이로부터 표준편차를 산출한다.

$$\begin{aligned} \sigma^2 &= \sum p_i \cdot [R_i - E(R)]^2 \\ &= \frac{1}{2} \times [25 - 16]^2 + \frac{1}{2} \times [7 - 16]^2 = 81 \end{aligned}$$

$$\sigma = \sqrt{\sigma^2} = \sqrt{81} = 9\%$$

따라서 기대수익률-위험의 평면에서 시장포트폴리오는 16%, 9%의 위치에 나타낼 수 있다.

그림 6.2

무위험자산이 존재할 때 최적포트폴리오의 선택

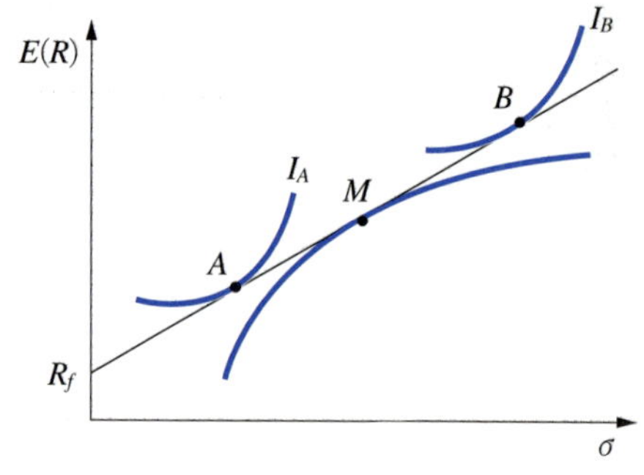

2.4 포트폴리오의 선택

(1) 선택원리

자본시장선이란 무위험자산이 존재할 때의 효율적 투자선이라고 하였다. 따라서 투자자들은 자신의 무차별곡선이 자본시장선과 접하는 점에서 최적포트폴리오를 선택할 것이다. 그래야 효용이 가장 커지기 때문이다.

[그림 6.2]에서 보면 어떤 투자자는 A를 선택하고 또 다른 투자자는 B를 선택한다. 이때에 A는 투자자금 일부를 무위험자산에 투자하고 (은행에 예금을 들고) 나머지는 시장포트폴리오에 투자하는 것을 의미한다. 이러한 자산구성을 대출포트폴리오(lending portfolio)라고 한다.

그리고 B는 무위험이자율로 무위험자산을 차입하고(은행에서 차입하고) 이를 자신이 보유하고 있는 자금과 합쳐서 모두 시장포트폴리오에 투자하는 것을 의미하며 이는 차입포트폴리오(borrowing portfolio)라고 한다.

이러한 내용을 보면 보수적 성향을 가진 투자자는 대출포트폴리오 A를, 공격형 투자자는 차입포트폴리오 B를 선택할 것이라는 것을 유추할 수 있다.

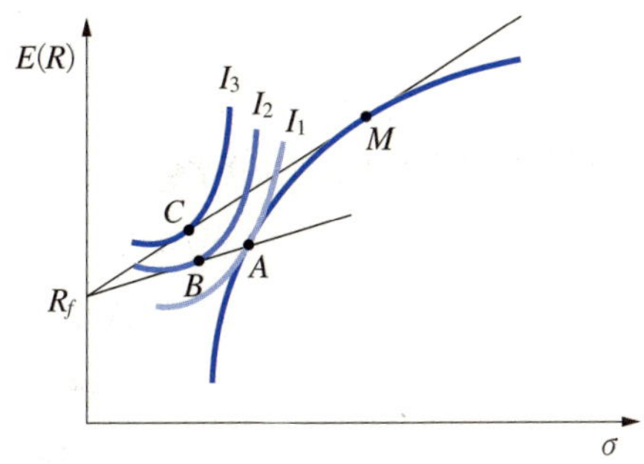

그림 6.3
효용수준의 비교

(2) 분리정리

앞에서 보면 최적포트폴리오의 선택은 두 단계를 거쳐 이루어진다. 즉, 지배원리에 따라서 효율적 투자선을 찾는 단계와 효용을 극대화하도록 효율적 투자선과 무차별곡선이 접하는 점을 찾는 단계가 그것이다. 이렇게 두 단계로 분리된 최적포트폴리오의 선택과정을 포트폴리오분리(portfolio separation) 또는 토빈의 분리정리(Tobin separation theorem)라고 한다.

그리고 이렇게 선택된 최적포트폴리오는 언제나 무위험자산과 시장포트폴리오의 두 개 항목으로 구성되는데 이를 2자산분리이론(two fund separation theorem)이라고 한다. 단지 투자자의 무차별곡선형태에 따라서, 즉 투자자가 보수적이냐 또는 공격적이냐에 따라서 이 두 개 자산에 대한 투자비율만 달라질 뿐이다.

(3) 효용수준의 비교

우리는 제5장의 포트폴리오이론에서 위험자산만을 투자대상으로 한 경우의 최적포트폴리오의 선택과정을 살펴보았다. 그리고 이번에는 위험자산과 무위험자산을 모두 투자대상으로 한 경우에 최적포트폴리오가 선택되는 것을 살펴보았다.

그러면 이 두 가지 경우를 [그림 6.3]에서 비교해보자. 위험자산만을 투자대상으로 한 경우의 최적포트폴리오는 A이고 이때의 투자자효용은 무차별곡선 I_1으로 나타난다. 그러나 여기에 무위험자산까지 투자대상에 포함시키면 최적포트폴리오는 B가 되며 효용수준은 무차별곡선 I_2로 증가한다. 그런데 만약 무위험자산과 결합시킬 위험자산을 A 대신 시장포트폴리오 M으로 바꾼다면 최적포트폴리오는 C로 바뀐다. C점이 나타내는 효용수준은 무차별곡선 I_3는 가장 높이 위치한 것이다.

이상의 결과에서 위험자산만으로 포트폴리오를 구성하는 것보다 무위험자산을 함께 투자하는 것이 더 좋다는 것을 확인할 수 있다. 그리고 무위험자산과 결합시킬 위험자산으로는 시장포트폴리오를 선택하는 것이 가장 좋다는 것도 확인할 수 있다.

2.5 가격결정모형

이제 자본시장선을 왜 가격결정모형이라고 부르는지 생각해보자. [식 6.5]의 자본시장선을 보면 이 식이 위험(σ)과 기대수익률 $E(R)$의 관계를 나타내는 식이라는 것을 알 수 있다. 즉, 위험을 알면 이를 자본시장선에 대입해서 이에 알맞은 기대수익률을 산출할 수 있다. 그리고 이 기대수익률을 할인율로 사용하여 미래수익의 현재가치를 구하면 균형가격이 된다. 이러한 이유로 자본시장선을 가격결정모형(pricing model)이라고 하는 것이다.

그런데 여기서 주의할 점은 자본시장선으로 구한 기대수익률은 무위험자산과 시장포트폴리오로 구성한 효율적 포트폴리오의 균형가격을 구할 때에만 사용할 수 있는 할인율이라는 것이다.

그렇다면 비효율적으로 투자된 포트폴리오나 효율적 투자선상에 있지 않은 개별 주식의 균형가격은 어떻게 구할까? 이들까지 포함해서 균형가격을 구할 때에 사용하는 할인율은 4절에서 소개될 증권시장선을 이용하면 된다.

증권시장선에 대한 설명은 잠시 뒤로 미루고 지금까지 설명한 자본시장선에 관련된 내용을 다음의 예제로 정리해보자.

예제 6-2

시장포트폴리오의 기대수익률은 16%, 표준편차는 9%이다. 그리고 은행금리(무위험이자율)는 10%라고 할 때에 다음의 각 물음에 답하라.

(1) 자본시장선(CML)을 구하라.

(2) 보유자금의 $\frac{1}{3}$을 은행에 예금하고 나머지를 시장포트폴리오에 투자해서 구성한 포트폴리오의 기대수익률과 표준편차를 구하라. 그리고 이를 자본시장선에 나타내라.

(3) 어떤 효율적 포트폴리오의 1년 후 기대값이 59,000원이라고 할 때 이의 균형가치는 얼마인가? 단, 이 포트폴리오의 위험(σ)은 12%이다.

풀이

(1) 자본시장선은 다음과 같다.

$$
\begin{aligned}
E(R_p) &= R_f + \frac{E(R_m) - R_f}{\sigma_m} \cdot \sigma_p \\
&= 0.1 + \frac{0.16 - 0.1}{0.09} \cdot \sigma_p = 0.1 + \frac{2}{3}\sigma_p
\end{aligned}
$$

(2) 시장포트폴리오에 투자한 비율을 w라고 하면 $w = \frac{2}{3}$이므로 기대수익률과 표준편차는 다음과 같다.

$$
\begin{aligned}
E(R_p) &= \frac{1}{3} \times 10 + \frac{2}{3} \times 16 = 14(\%) \\
\sigma_p &= \frac{2}{3} \times 9 = 6(\%)
\end{aligned}
$$

그리고 이의 위치를 나타내면 다음 그림에서 L로 표시된다.

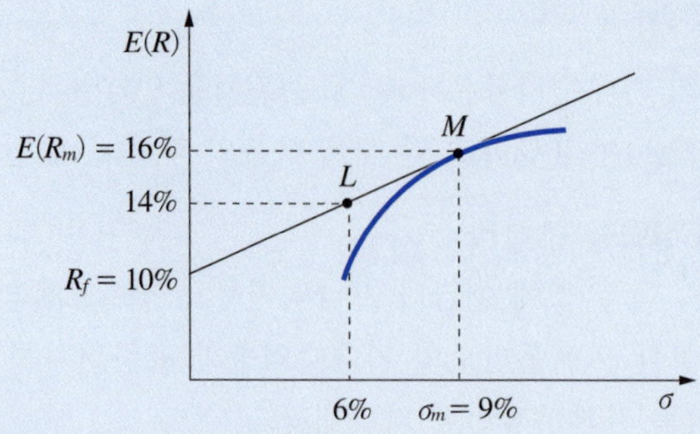

(3) 먼저 자본시장선에 위험(σ) 12%를 대입해서 다음과 같이 기대수익률을 구한다.

$$E(R_p) = 0.1 + \frac{2}{3}\sigma_p$$
$$= 0.1 + \frac{2}{3} \times 0.12 = 0.18\ (18\%)$$

효율적 포트폴리오는 이렇게 구한 기대수익률을 할인율로 이용해서 현재가치를 구하면 균형가치가 된다.

$$P_0 = \frac{E(P_1)}{1 + E(R_p)}$$
$$= \frac{59{,}000}{1 + 0.18} = 50{,}000(\text{원})$$

제1부에서는 분자의 현금흐름에 알맞은 할인율이 주어지기 때문에 이를 이용해서 현재가치를 구하였다. 그러나 제2부에서부터는 앞의 예제와 같이 현금흐름과 관련된 위험정보가 주어지고 이를 이용해서 현재가치를 구하는 것이 차이점이다. 따라서 위험과 할인율의 관계를 알아야 하는데 이러한 관계를 나타내는 식이 CAPM인 것이다.

체계적 위험, 베타(β) 3

3.1 비체계적 위험과 체계적 위험

(1) 자본시장선과 총위험

우리는 그동안 개별주식의 위험을 표준편차나 분산으로 측정하였다. 이렇게 측정한 값은 총위험(total risk)이라고 한다. 따라서 앞서 설명한 자본시장선은 총위험과 기대수익률의 관계를 나타내는 식이라고 할 수 있다. 즉, 효율적 포트폴리오의 총위험이 주어지면 이를 자본시장선에 대입하여 기대수익률을 구하고 이를 할인율로 해서 효율적 포트폴리오의 미래현금흐름을 현재가치로 계산하면 효율적 포트폴리오의 균형가격이 되는 것이다.

(2) 분산투자와 위험

이제 분산투자가 가능한 현실적인 상황을 생각해보자. 분산투자를 통해서 포트폴리오를 구성하면 포트폴리오를 구성하는 여러 종목들이 갖는 서로 간의 상관관계 때문에 포트폴리오의 위험은 개별주식의 위험을 평균한 값보다 더 작게 된다고 하였다. 그리고 이를 포트폴리오효과 또는 분산투자효과라고 하였다. 투자자들은 위험을 최소화하려고 하기 때문에 가능한 많은 종목으로 포트폴리오를 구성하려고 할 것이다. 따라서 최종적으로는 증권시장 전체종목으로 구성된 시장포트폴리오를 선택하게 된다고 하였다.

앞서 말한 개별주식의 총위험은 이렇게 시장포트폴리오를 구성함으로써 사라지는 부분과 시장포트폴리오를 구성해도 여전히 남아 있는 부분으로 구성된다. 여기서 시장포트폴리오를 구성하면 사라지는 부분은 비체계적 위험(unsystematic risk)이라고 하고, 시장포트폴리오를 구성해도 여전히 남아 있는 부분은 체계적 위험(systematic risk)이라고 한다.

3.2 체계적 위험과 시장관련성

체계적 위험과 시장과의 관련성을 예를 들어 쉽게 설명해보자. 우선 삼성전자의 주식만을 갖고 있는 투자자가 있다고 하자. 이때 삼성전자주가는 어떤 요인에 의해서 변동할까?

첫 번째, 경제성장률, 금리, 수출증가율 등 거시적 경제변수가 반영된 시장전체의 움직임에 의해서 영향을 받을 것이다. 그리고 두 번째, 삼성전자만의 신기술개발, 경영진교체 등 기업적 요인에 의해서도 영향을 받을 것이다.

그런데 이 투자자가 현대자동차의 주식도 매입해서 분산투자를 하였다고 하자. 현대자동차의 주가변동도 시장전체의 움직임과 현대자동차의 기업적 요인에 의해서 영향을 받을 것이다.

여기서 만약 삼성전자의 기업적 요인이 예측치 못한 악재였다면 이는 현대자동차의 예측치 못한 호재로 상쇄될 수 있을 것이다. 이러한 기업적 요인이 비체계적 위험이고 이는 삼성전자와 현대자동차에 분산투자하여 제거할 수 있는 것이다.

그런데 이렇게 분산투자해도 거시적 경제변수가 반영된 시장전체의 움직임에 의해서 삼성전자와 현대자동차의 주가가 변동하는 것은 어떻게 할 도리가 없다. 이것이 바로 체계적 위험이다. 그러므로 체계적 위험은 시장전체의 움직임과의 관련성을 의미하는 것이다.

3.3 체계적 위험의 지표

(1) 공분산

분산투자가 가능하여 시장포트폴리오를 구성할 수 있는 상황이라면 투자자들은 어떤 위험에 관심을 가질까? 비체계적 위험은 분산투자로 사라지게 되므로 시장포트폴리오를 구성해도 사라지지 않는 체계적 위험에만 관심을 가질 것이다. 그러면 개별주식의 체계적 위험은 어떻게 측정할까?

시장과의 관련성을 측정하는 첫 번째 방법은 다음과 같이 개별주식과 시장과의 공분산을 이용하는 것이다.

$$Cov(R_i, R_m) = \sigma_{im}$$

이렇게 공분산을 이용하는 것은 체계적 위험을 절대적 크기로 측정한 것이라고 할 수 있다.

(2) 베타(β)

체계적 위험을 측정하는 가장 일반적인 방법은 베타를 이용하는 것이다. 베타는 앞서 구한 개별주식(i)과 시장포트폴리오(m)의 공분산을 다음과 같이 시장포트폴리오의 분산으로 나누어 산출한 값을 말한다.[2)]

$$\beta_i = \frac{\sigma_{im}}{\sigma_m^2} \left(= \frac{\text{공분산}}{\text{시장분산}} \right) \qquad [\text{식 } 6.6]$$

그런데 이와 같은 베타의 산출식에서 분모값, 즉 시장포트폴리오의 분산은 모든 주식에 대해서 똑같은 값이기 때문에 베타는 결국 공분산을 이용하는 것이나 마찬가지이다.

왜 베타를 더 많이 이용하는가는 베타의 통계적 의미를 살펴보면 쉽게 수긍이 간다. 베타를 통계적 의미에서 보면 시장포트폴리오수익률을 독립변수로 하고, 개별주식수익률을 종속변수로 하는 다음의 회귀모형에서 회귀계수와 β_i와 같다.

---

2) 여기서 공분산은 각 표준편차의 곱에 상관계수를 곱한 값이므로(식 5.7 참조) 베타는 다음과 같이 구할 수도 있다.

$$\beta_i = \frac{\rho_{im} \cdot \sigma_i \cdot \sigma_m}{\sigma_m^2} = \frac{\rho_{im} \cdot \sigma_i}{\sigma_m}$$

$$R_i = \alpha_i + \beta_i R_m + \varepsilon_i \qquad \text{[식 6.7]}$$

단, R_i : 주식 i의 수익률
R_m : 시장포트폴리오의 수익률
ε_i : 오차항

여기서 회귀계수 β_i의 경제적 의미는 시장포트폴리오수익률의 변화에 대해 개별주식의 수익률이 얼마나 변화하는가를 나타내는 민감도이다. 따라서 종합주가지수가 1% 증가할 때 어떤 주식수익률이 2.5% 증가하였다면 이 주식의 베타는 2.5가 되는 것이다. 이처럼 베타가 갖는 경제적 의미가 더 이해하기 쉽기 때문에 개별주식의 체계적 위험으로 공분산보다 베타가 더 많이 사용되는 것이다.

예제 6-3

시장포트폴리오와 가나기업의 주식수익률에 대한 예측결과는 다음과 같다.

상 황	확 률	가나주식(A)	시장포트폴리오(M)
불황	$\frac{1}{2}$	10%	15%
호황	$\frac{1}{2}$	40	25

(1) 가나주식의 베타를 구하라.

(2) 시장수익률이 2% 상승(또는 하락)할 때에 가나주식수익률은 얼마나 변하는가?

풀이

(1) 베타는 [식 6.6]에서 보듯이 공분산을 시장분산으로 나눈 값이다. 공분산을 구하기 위해서 먼저 두 수익률의 평균값을 구한다.

$$E(R_A) = \frac{1}{2} \times 0.1 + \frac{1}{2} \times 0.4 = 0.25$$

$$E(R_M) = \frac{1}{2} \times 0.15 + \frac{1}{2} \times 0.25 = 0.2$$

이제 위의 값을 이용해서 다음과 같이 공분산을 구한다.

$$\begin{aligned} \sigma_{AM} &= \sum p_i [R_A - E(R_A)][R_M - E(R_M)] \\ &= \frac{1}{2} \times (0.1 - 0.25)(0.15 - 0.2) + \frac{1}{2} \times (0.4 - 0.25)(0.25 - 0.2) \\ &= 0.0075 \end{aligned}$$

이번에는 시장포트폴리오의 분산을 구한다.

$$\sigma_M^2 = \frac{1}{2} \times (0.15 - 0.2)^2 + \frac{1}{2} \times (0.25 - 0.2)^2 = 0.0025$$

베타의 산출식 [식 6.6]을 이용하면 가나주식의 베타는 다음과 같다.

$$\beta_A = \frac{\sigma_{AM}}{\sigma_M^2} = \frac{0.0075}{0.0025} = 3$$

(2) 가나주식의 베타가 3이라는 것은 가나주식수익률이 시장수익률의 3배만큼 변한다는 의미이다. 따라서 시장수익률이 2% 상승(또는 하락)하면 가나주식수익률은 6% 상승(또는 하락)하게 된다.

증권시장선 4

4.1 증권시장선의 도출

(1) 시장포트폴리오의 위험단위당 수익률

시장포트폴리오도 위험자산이다. 그러면 시장포트폴리오에 투자할 때, 위험을 부담하는 대가로 얼마의 기대수익률을 얻는 것일까? 이를 확인하기 위해서 투자자금을 모두 시장포트폴리오에 투자한 경우를 살펴보자. 그러면 이 투자자는 자본시장선을 나타내는 [그림 6.1]에서 보듯이 시장포트폴리오의 위험(σ_m^2)을 부담하게 된다.[2)]

그리고 이때의 기대수익률은 시장포트폴리오의 기대수익률, $E(R_m)$이 된다. 그런데 만약 이 투자자가 위험이 전혀 없는 예금을 들더라도 R_f의 이자율은 얻을 수 있다. 따라서 시장포트폴리오에 투자한 경우에는 결국 σ_m^2에 해당하는 위험의 대가로 $[E(R_m) - R_f]$만큼의 수익률을 받는 것이라고 할 수 있다.[3)]

그러므로 시장포트폴리오에 투자할 때에 위험단위당 얻게 되는 수익률은 다음과 같이 산출할 수 있다.

$$\frac{E(R_m) - R_f}{\sigma_m^2} \qquad \text{[식 6.8]}$$

(2) 개별주식의 위험단위당 수익률

이번에는 개별주식 i에 투자한 경우 부담하게 되는 위험과 이의 대가로 받는 수익률을 구해 보자. 분산투자가 가능한 상황에서 개별주식 i의 체계적 위험은 이미 설명하였듯이 시장과의 공분산 σ_{im}이다. 그런데 이러한 위험의 대가로 투자자가 얻게 되는 수익률은 시장포트폴리오의 경우를 설명한 것과 같은 논리로 $[E(R_i) - R_f]$임을 알 수 있다.

따라서 이때의 위험단위당 수익률은 다음과 같이 산출된다.

$$\frac{E(R_i) - R_f}{\sigma_{im}} \qquad \text{[식 6.9]}$$

(3) 균형 및 증권시장선의 도출

시장이 균형상태라면 [식 6.8]과 [식 6.9]는 같아야 한다. 왜냐하면 이 두 식은 모두 위험단위당 수익률을 나타내는 것이기 때문이다. 만약 [식 6.8]이 [식 6.9]보다 크다면 이는 시장포트폴리오의 위험단위당

2) 여기서 위험은 표준편차(%)가 아닌 분산($\%^2$)단위로 측정한 것이다.

3) 이렇게 위험을 부담하는 대가로 얻게 되는 수익률을 위험프리미엄이라고 한다.

그림 6.4
증권시장선

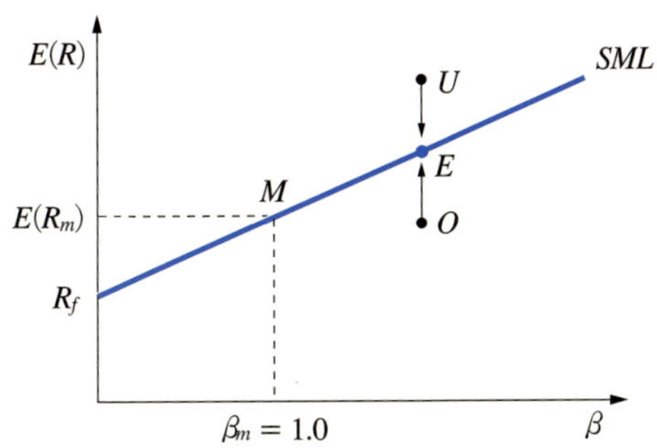

수익률이 개별주식 i의 수익률보다 크다는 것인데 이때에 투자자들은 모두 시장포트폴리오에만 투자하려고 할 것이고 개별주식 i는 시장에서 사라질 것이다.

이와 반대로 [식 6.9]가 [식 6.8]보다 크다면 이는 개별주식 i의 위험단위당 수익률이 시장포트폴리오의 수익률보다 크다는 것인데 이때에 투자자들은 모두 개별주식 i에만 투자하려고 할 것이기 때문에 시장에는 개별주식 i만 존재하고 다른 주식들은 모두 사라질 것이다.

결국 이 두 가지 투자대상이 함께 존재하려면 그 위험단위당 수익률이 똑같아야 하는 것이다. 즉, 삼성전자의 위험단위당 수익률이나 시장포트폴리오의 위험단위당 수익률이 똑같기 때문에 두 가지가 함께 시장에 존재하는 것이다.

따라서 다음과 같은 관계식이 성립되어야 한다.

$$\frac{E(R_m) - R_f}{\sigma_m^2} = \frac{[E(R_i) - R_f]}{\sigma_{im}}$$

위의 관계식을 개별주식의 기대수익률 $E(R_i)$에 대해서 정리하면 다음과 같이 표현된다.

$$E(R_i) = R_f + \frac{[E(R_m) - R_f]}{\sigma_m^2} \cdot \sigma_{im}$$

그런데 앞서 $\beta_i = \frac{\sigma_{im}}{\sigma_m^2}$이라고 하였으므로 이 식은 다시 다음과 같이 기대수익률 $E(R_i)$와 베타(β)와의 직선식으로 표현할 수 있다.

$$E(R_i) = R_f + [E(R_m) - R_f] \cdot \beta_i \qquad \text{[식 6.10]}$$

이 식을 증권시장선(SML : security market line)이라고 하는데 재무관리에서는 가장 많이 이용되는 매우 중요한 식이다. 그리고 이 식을 기대수익률 $E(R_i)$, 베타(β)의 평면에 나타내면 [그림 6.4]와 같다.

4.2 증권시장선의 의미

(1) 경제적 의미

증권시장선 [식 6.10]에서 구한 기대수익률 $E(R_i)$를 보면 R_f와 $[E(R_m) - R_f] \cdot \beta_i$의 합계로 구성된 것을 알 수 있다. 여기서 R_f는 은행금리와 같은 무위험수익률이고 $[E(R_m) - R_f] \cdot \beta_i$는 체계적 위험(베타)에 대한 대가로서 위험프리미엄(risk premium)이라고 한다. 그런데 은행금리나 시장포트폴리오수익률은 모두에게 똑같은 값으로 주어지는 것이므로 위험프리미엄은 베타에 의해서 결정된다. 따라서 증권시장선으로 구하는 특정주식의 기대수익률은 결국 그 주식의 베타에 의해 결정된다고 할 수 있다.

(2) 자본시장선과의 비교

앞서의 2절에서 [식 6.5]로 제시된 자본시장선과 [식 6.10]으로 제시된 증권시장선을 비교해보자.

$$\text{자본시장선} \quad E(R_p) = R_f + \left[\frac{E(R_m) - R_f}{\sigma_m}\right] \cdot \sigma_p \qquad \text{[식 6.5]}$$

$$\text{증권시장선} \quad E(R_i) = R_f + [E(R_m) - R_f] \cdot \beta_i \qquad \text{[식 6.10]}$$

위의 두 식 모두 위험과 기대수익률 사이의 관계식이다. 즉, 위험정보를 이용해서 그에 해당하는 기대수익률을 구할 수 있는 식이다. 그리고 기대수익률도 무위험수익률에다가 위험프리미엄을 더하는 방식으로 구성된다.

그런데 자본시장선에서는 위험정보로 총위험에 해당하는 표준편차(σ)를 이용하는 반면, 증권시장선에서는 위험정보로 체계적 위험에 해당하는 베타(β)를 이용한다. 그리고 자본시장선은 효율적으로 분산투자된 포트폴리오의 가치를 산출할 때에만 이용되는 반면, 증권시장선은 비효율적으로 투자된 포트폴리오나 개별주식의 가치를 산출할 때에도 이용할 수 있는 점이 다르다.

4.3 증권시장선의 이용

(1) 균형주가의 산출

증권시장선을 통해서 구한 기대수익률은 균형수익률이다. 즉, 어떤 주식의 위험(베타)을 증권시장선에 대입하면 그 위험에 알맞은 균형수익률을 구할 수 있다. 그리고 이를 할인율로 이용해서 미래현금흐름의 현재가치를 구하면 그 주식의 균형가격을 구한 것이 된다.

그런데 베타가 클수록 증권시장선의 균형수익률도 큰 값을 갖는다. 따라서 똑같은 미래현금흐름이 예상되는 주식이라고 해도 베타가 큰 주식은 할인율로 사용할 균형수익률이 크게 되고 이에 따라 현재가치인 균형주가는 낮아지게 된다.

(2) 투자종목의 선택

증권시장선을 통해서 구한 균형주가는 투자종목을 선택하는 기준이 된다. 균형주가와 실제시장주가가 같다면 균형상태라고 한다. 그러나 일시적 불균형으로 시장주가가 균형주가보다 높거나 낮은 가격으로 형성되어 있을 수 있다.

[그림 6.4]에서 U로 표시된 주식은 균형점 E로 표시된 주식과 베타는 같지만 기대수익률, 즉 할인율이 높다. 할인율이 높다는 것은 현재

주가가 균형주가보다 낮다는 뜻이다. 그러면 사람들은 주식 U를 사려고 할 것이다. 주식 U에 대한 수요증가는 시장가격을 상승시키고 이에 따라서 수익률은 하락한다. 결국 수익률이 E가 되는 주가수준에서 가격은 멈추고 균형상태가 된다.

반대로 같은 베타를 가지면서 수익률이 낮은, 즉 과대평가된 주식 O는 같은 논리로 투자자들은 팔려고 할 것이며 U와는 반대의 과정을 거쳐서 균형점 E로 가게 된다. 이렇게 시장균형이 이루어지면서 투자자들은 시장주가와 균형주가의 차이에 해당하는 이익을 얻게 되는 것이다.[4)]

(3) 자본비용의 산출

증권시장선을 통해 구한 균형수익률은 투자자들이 자신이 부담하는 위험(베타)에 대해서 요구하는 수익률이다. 그런데 주식은 투자자의 입장에서는 투자대상이지만 기업의 입장에서는 자본조달수단이 된다. 따라서 증권시장선을 통해 구한 균형수익률은 기업의 입장에서는 주식발행으로 자금을 조달할 때 주주에게 제공해야 할 자본사용의 대가가 되는 것이다. 이러한 자본사용대가를 자본비용이라고 한다. 이렇게 재무이론에서는 자본비용을 금액단위로 나타내지 않고 %단위로 나타내는 것이 일반적이다.

(4) 자본예산

앞서 제4장 자본예산에서 투자안의 경제성을 평가하는 과정을 다시 생각해보자. 그 때에는 투자안의 순현가를 구하면서 주어진 할인율을 이용하였다. 그리고 할인율에 대한 논의는 뒤로 미루었다. 그 할인율이 곧 자본비용인데 여기서 배운 증권시장선을 통해서 균형수익률을 구하면 그 수익률이 바로 자본비용에 해당하는 것이다.

따라서 이제부터는 투자안의 순현가를 구하기 위한 할인율(자본비

---

4) 이는 제3장 1절에서 설명한 차익거래와 같은 것이며 여기서 얻는 이익은 자본예산의 순현재가치(*NPV*)에 해당하는 것이다.

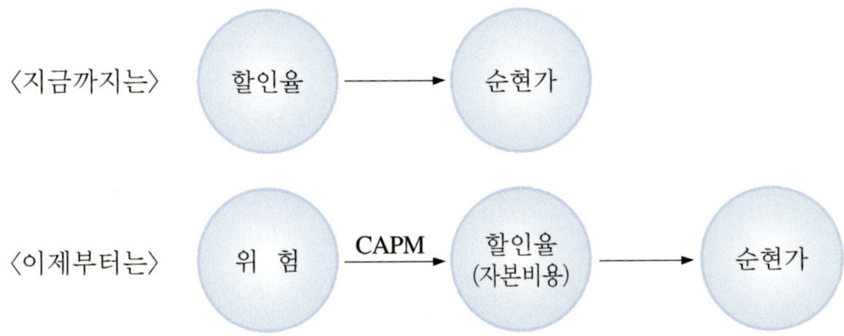

그림 6.5
순현가산출 과정의 비교

용) 대신에 위험정보가 주어질 것이다. 그러면 그 위험에 알맞은 수익률을 증권시장선으로 구한 후 이를 이용해서 투자안의 순현가를 구하면 되는 것이다.

예제 6-4

가나기업의 현재 주가는 20,000원인데 올해 말 가나기업의 1주당 배당액은 2,000원, 1주당 주가는 26,000원으로 기대된다. 가나기업 주식의 베타는 2.4이고 무위험이자율은 10%, 시장포트폴리오의 기대수익률은 16.25%이다.

(1) 가나기업 주식의 균형수익률 및 균형가격은 얼마인가?
(2) 가나기업 주식의 예상수익률을 산출하여 이 주식의 위치를 SML과 함께 그림에서 나타내고 주가변화를 예측하라.
(3) 자본예산기법인 NPV법, IRR법과 연관시켜서 가나기업 주식에 대한 투자여부를 판단하라.

풀이

(1) 균형수익률은 SML을 통해서 구한 기대수익률을 말한다.

$$E(R_i) = R_f + [E(R_m) - R_f] \cdot \beta_i$$
$$= 0.1 + [0.1625 - 0.1] \times 2.4 = 0.25\ (25\%)$$

이 주식의 1년 후 현금흐름의 기대값은 28,000원(=2,000 + 26,000)이므로 이를 균형수익률로 할인하면 균형가격을 다음과 같이 구할 수 있다.

$$\frac{28,000}{1 + 0.25} = 22,400(\text{원})$$

(2) 예상수익률이란 현재주가를 기준으로 산출한 기대수익률을 말한다. 따라서 다음과 같이 구한다.

$$\frac{(P_1 - P_0) + D_1}{P_0} = \frac{(26,000 - 20,000) + 2,000}{20,000} = 0.4\ (40\%)$$

이 수익률의 위치를 SML과 함께 나타내면 다음과 같다.

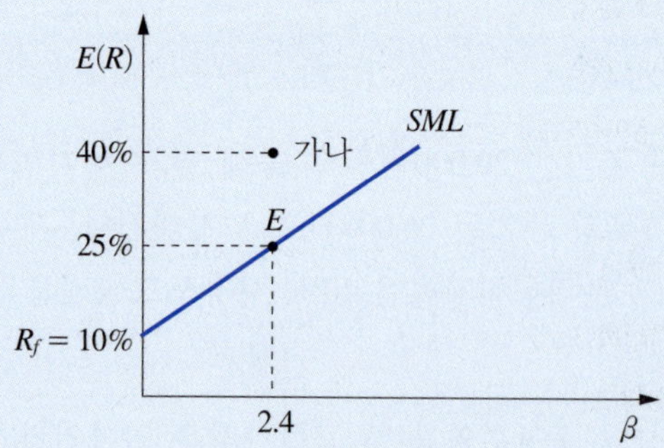

현재의 시장가격 20,000원은 균형가격 22,400원에 비해서 과소평가되어 있으므로 투자자들은 이를 구입하려 할 것이다. 그래서 수요증가에 따라 주가는 상승하면서 균형가격 22,400원이 되고 예상수익률은 25%로 하락하여 SML상의 E점으로 내려오게 된다.

(3) 이 주식에 대한 구입여부를 자본예산으로 접근해보자. 이는 1년 후 현금흐름이 28,000원인 투자안으로서 투자비용은 20,000원, 할인율(자본비용)은 25%인 것이다. 따라서 *NPV*는 다음과 같이 양의 값을 가지므로 투자한다. 그리고 *NPV*값은 주식의 균형가격과 시장가격의 차

이에 해당된다.

$$NPV = \frac{28{,}000}{1 + 0.25} - 20{,}000 = 2{,}400(\text{원})$$

*IRR*법에서는 내부수익률이 자본비용보다 클 때에 투자한다. (1)에서 구한 가나주식의 균형수익률 25%는 자본비용에 해당되고, (2)에서 구한 예상수익률 40%는 내부수익률에 해당된다. 따라서 *IRR*법에 따를 경우에도 투자를 하는 것이 좋다는 결론이 된다.

제6장 | 자본자산가격결정모형(CAPM)

요약

1. CAPM은 위험과 수익률의 관계를 나타내는 식이다.
2. 포트폴리오이론은 위험자산만을 투자대상으로 한다. 그러나 CAPM은 무위험자산까지 투자대상에 포함시켜서 만들어진 식이다.
3. CAPM으로 구한 기대수익률을 할인율로 이용해서 어떤 자산의 미래현금흐름을 현재가치로 구하면 그 값이 그 자산의 균형가격이 된다. 그래서 CAPM을 가격결정모형이라고 하는 것이다.
4. 자본시장선은 총위험과 기대수익률의 관계식이고 증권시장선은 체계적 위험과 기대수익률의 관계식이다. 일반적으로 CAPM이라고 하면 증권시장선을 말한다.
5. 증권시장선으로 구한 기대수익률은 균형가격을 산출하는 데에 이용될 뿐만 아니라 실물투자의 경제성을 평가하는 자본예산에서 자본비용으로도 이용된다.

종합예제

가나기업은 A, B, C 세 투자안을 놓고 채택 여부를 검토하고 있다. 다음의 자료를 이용하여 각 물음에 답하라.

	기대수익률	표준편차	시장과의 상관계수
투자안 A	0.2	0.2	0.75
투자안 B	0.3	0.4	0.2
투자안 C	0.4	0.3	0.5

시장포트폴리오의 기대수익률은 20%, 표준편차는 10%이며 무위험이자율은 8%이다.

(1) 어떤 투자안의 표준편차가 같으면 그에 상응하는 요구수익률이 같아야 한다는 주장에 대해 논평하라.

(2) CML, SML을 도출하라.

(3) 각 투자안들의 베타, 요구수익률을 계산한 후 투자안의 채택 여부를 결정하라.

(4) 투자안 A에 비해 C의 총위험이 큰데도 불구하고 두 투자안의 체계적 위험이 같아지는 이유를 설명하라.

(5) 가나기업의 현재 1주당 배당금은 500원이다. 배당성장률이 처음 2년간은 12%, 그 다음부터는 영속적으로 6%일 때 가나기업 주식의 균형가격은 얼마인가? 단, 가나주식의 베타는 0.5이다.

풀이

(1) 표준편차는 투자안의 총위험을 나타낸다. 그런데 분산투자가 가능한 상황이라면 비체계적 위험은 제거할 수 있는 것이므로 체계적 위험만이 요구수익률을 결정하는 요인이 된다. 그리고 CAPM은 이 체계적 위험을 β로 측정하여 요구수익률과의 선형관계를 나타내는 것이다. 따라서 표준편차가 같다고 해서 요구수익률이 같은 것은 아니다.

(2) 관련변수를 대입하여 정리하면 다음과 같이 CML, SML을 구할 수 있다.

$$CML:\ E(R_p)=R_f+\frac{E(R_m)-R_f}{\sigma_m}\cdot\sigma_p$$

$$=0.08+\frac{(0.2-0.08)}{0.1}\cdot\sigma_p$$

$$=0.08+1.2\sigma_p$$

$$SML:\ E(R_i)=R_f+[E(R_m)-R_f]\cdot\beta_i$$

$$=0.08+0.12\beta_i$$

(3) SML을 이용해서 요구수익률을 산출해야 하므로 각각의 베타를 먼저 구한다.

$$\beta_i=\frac{\rho_{im}\cdot\sigma_i\cdot\sigma_m}{\sigma_m^2}=\frac{\rho_{im}\cdot\sigma_i}{\sigma_m}\text{이므로}$$

투자안 A $\beta_A=\dfrac{0.75\times0.2}{0.1}=1.5$

투자안 B $\beta_B=\dfrac{0.2\times0.4}{0.1}=0.8$

투자안 C $\beta_C=\dfrac{0.5\times0.3}{0.1}=1.5$

그리고 SML을 통해서 요구수익률을 구하면 다음과 같다.

$$E(R_A)=0.08+0.12\times1.5=0.26\ (26\%)$$

$$E(R_B)=0.08+0.12\times0.8=0.176\ (17.6\%)$$

$$E(R_C)=0.08+0.12\times1.5=0.26\ (26\%)$$

투자안 중에서 A는 기대수익률이 요구수익률보다 작으므로 기각하고 B와 C는 기대수익률이 요구수익률보다 크므로 채택한다.

(4) 총위험이 다른데도 체계적 위험이 같아지는 이유는 각 투자안의 표준편차와 시장과의 상관계수와의 곱이 같기 때문이다.

$\sigma_A<\sigma_C$이지만 $\rho_{Am}>\rho_{Cm}$이면서 $\rho_{Am}\times\sigma_A=\rho_{Cm}\times\sigma_C$가 성립한다. 즉, $0.75\times0.2=0.5\times0.3$이기 때문에 체계적 위험 β가 같게 되는 것이다.

(5) ① 향후 2년간 배당을 먼저 구하면 다음과 같다.

$$D_1 = 500 \times (1+0.12) = 560$$
$$D_2 = 500 \times (1+0.12)^2 = 627.2$$

그리고 이의 현재가치는 다음과 같다.

$$PV = \frac{560}{(1+0.14)} + \frac{627.2}{(1+0.14)^2} = 973.8$$

② 2년 후의 주식가격은 항상성장모형을 이용하여 다음과 같이 구한다.

$$P_2 = \frac{D_3}{k_e - g}$$
$$= \frac{627.2 \times (1+0.06)}{0.14 - 0.06} = 8,310.4$$

③ 균형가격은 ①, ②로부터 다음과 같이 산출된다.

$$P_0 = 973.8 + \frac{8,310.4}{(1+0.14)^2} = 7,368.4(\text{원})$$

제 3 부

자본구조와 자본조달

제7장 자본비용

제8장 자본구조이론

제9장 부채사용투자안의 평가

Financial Management

07

자본비용

Financial Management

기업이 투자를 하려면 투자에 필요한 자금을 조달해야 한다. 그리고 조달된 자금에 대해서는 자금을 제공한 사람들에게 대가를 지급해야 하는데 이러한 대가를 자본비용이라고 한다. 이 장에서는 먼저 자본비용이 갖는 경제적 의미를 여러 각도에서 살펴볼 것이다. 그리고 기업이 조달하는 자금의 형태가 크게 타인자본과 자기자본으로 구분되므로 각각의 자본비용을 산출하고 이들의 평균값으로서 가중평균자본비용(WACC)을 소개할 것이다. 끝으로 이렇게 구한 자본비용과 기업가치의 관계를 살펴보도록 한다.

1 기초개념

1.1 자본비용이란?

기업이 이익을 내기 위해서는 투자를 해야 하고 투자를 하려면 투자자금이 필요하다. 기업은 투자자금을 차입금으로 조달할 수도 있고 주식을 발행해서 조달할 수도 있다. 이렇게 조달한 내역은 대차대조표의 대변에 부채(타인자본)와 자본(자기자본)으로 나타난다.

그런데 어떤 형태로 조달하였든 간에 자본을 제공한 투자자에게 자본사용에 대한 대가를 지급해야 하는데 이러한 대가를 자본비용(cost of capital)이라고 한다. 구체적으로 타인자본을 제공한 채권자에게는 이자를 지급해야 하고, 자기자본을 제공한 주주에게는 배당금을 지급한다. 일반적으로 재무이론에서는 자본비용을 나타낼 때 조달한 원금의 가치를 기준으로 %단위로 표시한다.

1.2 자본비용과 수익률

자본비용과 수익률의 관계는 그동안 우리가 공부했던 투자이론을 역으로 생각하면 쉽게 이해할 수 있다. 기업의 입장에서 자본제공자란 이자나 배당을 바라고 투자한 채권자 또는 주주이다. 따라서 기업의 입장에서 부담하는 자본비용은 이들 투자자들에게는 수익률이 되는 것이다.

만약 기업이 자본비용을 낮추기 위해서 기업이 주주에게 주는 배당을 줄이면 어떻게 될까? 그러면 주주들은 수익률이 떨어지므로 보유주식을 매각하려고 한다. 주식을 매각하려는 움직임은 주가하락으로 이어져서 기업가치가 하락하게 된다. 따라서 기업가치가 하락하지 않도록 하려면 기업은 적정한 자본비용을 제공해야 하는 것이다. 이러한 관점에서 자본비용은 기업가치를 하락시키지 않기 위해서 자본제공자에게 지급해야 하는 최소한의 수익률이라고 정의하기도 한다.

1.3 자본비용과 기업가치

우리는 그동안 현재가치개념을 이용해서 투자안의 가치를 산출하거나 증권(주식)의 가치 등을 산출하였다. 이러한 논리는 기업가치를 평가할 때에도 그대로 적용된다. 즉, 기업이 벌어들일 미래의 현금흐름을 현재가치로 계산하면 그 값이 기업가치가 된다. 이때에 현재가치를 산출하기 위한 할인율이 자본비용이다. 따라서 기업가치는 자본비용과 역관계에 있게 된다. 구체적으로 여기서 기업가치를 산출하기 위한 자본비용이란 가중평균자본비용(WACC)을 말하는데 이는 자본조달원천별로 구한 각각의 자본비용을 평균한 값이다. 따라서 원천별 자본비용을 산출하는 방법부터 먼저 이해해야 한다.

2 원천별 자본비용

기업은 투자자금을 여러 가지 방법으로 조달할 수 있다. 그러나 크게는 은행에서 차입하거나 사채를 발행하는 등 타인자본(부채)을 이용하는 방법과 주식을 발행하거나 유보이익 등 자기자본을 이용하는 방법의 두 가지로 분류할 수 있다. 이러한 자본조달원천을 기준으로 타인자본비용과 자기자본비용을 구하는 방법을 각각 살펴보자.

2.1 타인자본비용

(1) 법인세가 없는 경우

타인자본비용이란 기업이 부채를 사용하는 대가로 채권자에게 지급하는 비용을 말한다. 그런데 자본비용은 금액단위가 아닌 %단위로 측정한다고 하였다. 따라서 부채금액이 B라고 하고 이에 대해서 매년 말 지급하는 이자금액을 I라고 하면 타인자본비용은 다음과 같이 산출되는 이자율 k_d로 측정한다.

$$k_d = \frac{I}{B} \qquad [\text{식 } 7.1]$$

그런데 여기서의 k_d는 곧 설명할 이자비용의 감세효과를 고려하지 않은 것이라고 해서 세전타인자본비용이라고 한다.

(2) 법인세가 있는 경우

기업은 부채를 사용하는 대가로 이자를 지급하게 된다. 그리고 이자는 비용으로 처리되기 때문에 과세대상이익을 작게 만들고 이에 따라서 기업이 내야 할 법인세도 줄어든다. 이를 이자비용의 감세효과(interest tax shield effect)라고 한다.

그러면 이자가 비용으로 처리되면서 얼마의 법인세를 감소시켜줄까? 법인세율을 t라고 하면 이자금액에 법인세율을 곱한 금액($I \cdot t$)만큼의 세금을 덜 내게 된다.[1] 그러므로 이 효과를 감안하면 기업이 부채사용에 대해서 실제로 부담하는 이자부담액은 $I - I \cdot t = I(1-t)$가 된다. 이 금액을 기준으로 타인자본비용을 산출하면 다음과 같이 k_i가 된다.

$$k_i = \frac{I(1-t)}{B} = k_d(1-t) \qquad [\text{식 } 7.2]$$

이때의 k_i는 이자비용의 감세효과를 고려한 것이기 때문에 세후타인자본비용이라고 한다. 지금까지 설명한 타인자본비용의 내용을 다음의 예제에서 구체적으로 확인해보자.

---

1) 제4장 자본예산에서 영업현금흐름을 측정할 때에 설명하였던 감가상각비의 감세효과도 감가상각비에 법인세율을 곱한 금액이었다.

예제 7-1

가나기업은 1,000만원의 부채를 사용하며 이에 대한 이자는 매년 말 100만원씩 지급하고 있다. 가나기업의 영업이익이 300만원이고 법인세율은 20%라고 하자.

(1) 이자비용의 감세효과를 고려하지 않은 세전타인자본비용(k_d)은?

(2) 이자비용의 감세효과를 고려해서 이 기업이 실제로 부담하고 있는 이자금액을 구하여 세후타인자본비용(k_i)을 산출하라.

풀이

(1) 부채 1,000만원을 사용하면서 부담하는 비용은 지급이자 100만원이다. 따라서 타인자본비용은 다음과 같이 산출한 이자율과 같다.

$$k_d = \frac{100}{1,000} = 0.1\ (10\%)$$

(2) 가나기업이 실제로 부담하고 있는 이자금액은 부채사용에 따른 순이익의 감소분으로 측정할 수 있다. 따라서 다음과 같이 부채를 사용하지 않는다고 가정해서 작성된 손익계산서와 부채를 사용하는 경우의 순이익을 비교하면 된다.

	무부채 *I/S*	부채사용 *I/S*
영업이익	300	300
지급이자	0	100
세전이익	300	200
법인세(20%)	60	40
순이익	240	160

위 결과로 부채원금 1,000만원을 사용하면서 실제로 부담하고 있는 금액은 80만원(= 240 − 160)임을 알 수 있다. 여기서 채권자에게 지급하는 이자 100만원과 실제부담액 80만원의 차이 20만원(= 100 − 80)은 이자비용의 감세효과이다. 이는 지급이자에 세율을 곱하여 100 × 0.2 = 20만원으로 직접 구할 수도 있다. 그러므로 법인세를 고려한 타인자본비

용 k_i는 다음과 같다.

$$k_i = \frac{I(1-t)}{B} = \frac{100 \times (1-0.2)}{1{,}000} = 0.08\ (8\%)$$

2.2 자기자본비용

자기자본비용이란 주식을 발행해서 자금을 조달하는 경우 자본을 제공한 투자자(주주)에게 자본사용대가로 지급하는 비용을 말한다. 자본비용이란 기업의 입장에서 본 용어이고 주주의 입장에서는 그 주식을 매입하면서 기대하는 수익률이라고 하였다. 그러면 주식에 대한 기대수익률은 어떻게 구할까?

우리는 이미 제6장 CAPM에서 위험과 수익률의 관계를 살펴보았다. 다음과 같은 증권시장선이 균형상태에서 개별주식에 대한 기대수익률을 나타낸다고 하였다.

$$E(R_i) = R_f + [E(R_m) - R_f] \cdot \beta_i \qquad [식\ 7.3]$$

그리고 이 값이 자본비용으로 이용된다고 언급하였다. 따라서 어떤 주식의 위험을 베타로 측정해서 증권시장선에 대입하면 그 기업의 자기자본비용을 구할 수 있다. 즉, 증권시장선으로 구한 균형수익률 $E(R_i)$가 자기자본비용 k_e인 것이다.

이렇게 구한 자기자본비용은 대개 타인자본비용보다 높은 값을 갖는다. 그 이유는 부채를 제공한 채권자가 받는 이자보다 주식에 투자한 주주들이 받는 배당금이 더 변동성이 크기 때문이다. 채권자보다 주주가 부담하는 위험이 더 크고 위험이 더 큰 만큼 더 높은 수익률을 요구하므로 기업의 입장에서는 자기자본비용이 타인자본비용보다 높게 되는 것이다.

예제 7-2

가나기업 주식수익률과 주가지수의 변동률의 관계에서 가나주식의 베타를 구했더니 1.5임을 확인하였다. 은행금리는 10%이고 시장포트폴리오의 기대수익률은 14%라고 하자.

(1) 증권시장선을 구하라.

(2) 가나기업의 자기자본비용(k_e)을 구하라.

풀이

(1) 무위험이자율 $R_f = 10\%$, 시장포트폴리오의 기대수익률 $E(R_i) = 14\%$ 이므로 증권시장선은 다음과 같다.

$$E(R_i) = R_f + [E(R_m) - R_f] \cdot \beta_i$$
$$= 0.1 + 0.04\beta_i$$

(2) (1)에서 구한 증권시장선에 $\beta = 1.5$를 대입하면 자기자본비용(k_e)을 다음과 같이 구할 수 있다.

$$E(R_i) = 0.1 + 0.04 \times 1.5$$
$$= 0.16 \longrightarrow k_e = 16\%$$

가중평균자본비용 3

3.1 가중평균자본비용의 산출

기업은 자본을 여러 가지 방법으로 조달할 수 있다. 그리고 어떤 방법으로 자본을 조달하느냐에 따라서 그 자본비용 역시 제각기 다를 것이다.

만약 기업이 여러 가지 원천으로 자본을 조달하고 각 원천별 자본비용이 제각기 다르다면 이 기업의 자본비용은 얼마로 보아야 할까?

즉, 기업이 사용하고 있는 자본 전체에 대해서 부담하고 있는 평균자본비용은 어떻게 구할 것인가? 이는 전체 자본 중 각 원천별 자본이 차지하고 있는 구성비율을 가중치로 하고 각각의 원천별 자본비용을 평균해서 다음과 같이 구한다.

$$k_o = k_i \times \left(\frac{B}{B+S} \right) + k_e \times \left(\frac{S}{B+S} \right) \qquad [\text{식 } 7.4]$$

단, k_i : 세후타인자본비용
k_e : 자기자본비용
B : 타인자본
S : 자기자본

이렇게 구한 자본비용 k_o를 가중평균자본비용(WACC : weighted average cost of capital)이라고 한다. 이 값이 기업이 조달해서 사용하고 있는 전체자본에 대해서 부담하고 있는 평균자본비용이다.

그리고 이렇게 가중평균자본비용을 구할 때에 타인자본(*B*)이나 자기자본(*S*)의 금액은 회계상의 장부가치를 사용하는 것은 아니다. 시장가치를 사용해야 한다. 왜냐하면 자본비용을 이용한 의사결정은 현재 시점에서 이루어지는 것이기 때문이다. 구체적으로 타인자본의 시장가치는 시장이자율로 앞으로 갚아야 할 현금흐름의 현재가치를 구하면 될 것이고 자기자본의 시장가치는 발행주식수에 현재주가를 곱해서 구하면 될 것이다.

3.2 가중평균자본비용의 이용

자본비용이란 기업이 자본을 사용하는 대가로 지불하는 비용이라고 했다. 그리고 가중평균자본비용은 기업이 다양한 방법으로 조달한 전체자금에 대해 부담하는 평균대가의 의미를 갖는다. 따라서 비록 기업이 다양한 원천과 제각기 다른 수준의 비용으로 자금을 조달했더라도 우리는 마치 기업이 전체자금을 가중평균자본비용수준으로 조달한 것처럼 단순하게 생각할 수 있다. 그러면 가중평균자본비용이 낮아야 기업에게 이익이 되고 그에 따라서 기업가치가 크게 될 것이라는 것을 쉽게 알 수 있다.

우리는 앞서 기업의 가치는 기업이 벌어들이는 영업현금흐름을 현재가치로 계산한 값이라고 배웠다.[2)]

이때에 현재가치를 산출하기 위한 할인율이 바로 가중평균자본비용이다. 현재가치가 분수값의 구조를 갖고 있으며 분자에는 현금흐름이, 분모에는 할인율이 들어간다고 하였다. 따라서 기업에 무한히 C만큼의 영업현금흐름이 유입되고 이 기업의 가중평균자본비용이라면 기업가치는 다음과 같이 구한다.

$$V = \frac{C}{(1+k_o)} + \frac{C}{(1+k_o)^2} + \cdots = \frac{C}{k_o} \qquad \text{[식 7.5]}$$

위 식에서 분자의 영업현금흐름 C가 일정하다면 분모의 할인율(가중평균자본비용 k_o)이 작을수록 분수값(기업가치 V)이 커지게 된다. 따라서 기업가치를 최대화하려면 타인자본과 자기자본을 적절히 결합해서 자본을 조달함으로써 가중평균자본비용을 최소화하여야 할 것이다. 이러한 배경에서 자본조달정책의 목표는 자본비용의 최소화에 있다고 하는 것이다.

예제 7-3

가나기업에게는 매년 240만큼의 영업현금흐름이 무한히 유입될 것이다. 이 기업의 부채비율은 100%인데 부채는 연 10%의 이자율로 차입하고 있다. 이 기업의 주식베타는 1.5이고 시장포트폴리오의 기대수익률은 14%라고 하자. 무위험이자율은 10%, 법인세율은 20%이다.

---

2) 물론 순운전자본의 증감이나 자본적 지출이 있다면 이를 반영한 기업잉여현금흐름(FCFF)을 현재가치로 계산해야 한다. 그러나 별도의 언급이 없으면 이들 항목은 없다고 가정해서 영업현금흐름의 현재가치를 기업가치로 본다.

(1) 가나기업의 가중평균자본비용을 구하라.
(2) (1)의 결과를 이용해서 가나기업의 가치를 산출하라.
(3) 가나기업의 대차대조표를 작성해보라.

풀이 ▶

(1) 이자비용의 감세효과를 고려해서 다음과 같이 세후타인자본비용(k_i)을 구한다. (예제 7.1의 내용을 참조)

$$k_i = k_d(1 - t)$$
$$= 10\%(1 - 0.2) = 8\%$$

그리고 무위험이자율 $R_f = 10\%$, 시장포트폴리오의 기대수익률 $E(R_i) = 14\%$, 베타 1.5이므로 이들을 증권시장선에 대입하면 자기자본비용(k_e)은 다음과 같이 16%가 된다. (예제 7.2의 내용을 참조)

$$E(R_i) = R_f + [E(R_m) - R_f] \cdot \beta_i$$
$$= 0.1 + 0.04 \times 1.5 = 0.16 \rightarrow k_e = 16\%$$

이제 자본구성비율을 고려해서 가중평균자본비용을 구하자. 부채비율(=`부채/자본)이 100%라는 것은 타인자본과 자기자본이 똑같은 크기라는 뜻이다. 따라서 타인자본과 자기자본이 전체자본에서 차지하는 비율은 둘 다 $\frac{1}{2}$이다. 그러므로 가중평균자본비용은 다음과 같이 구할 수 있다.

$$k_o = k_i \times \left(\frac{B}{B+S}\right) + k_e \times \left(\frac{S}{B+S}\right)$$
$$= 8 \times \frac{1}{2} + 16 \times \frac{1}{2} = 12\%$$

(2) 가나기업의 가치는 무한 연금의 현재가치를 구하는 것과 같다. 가중평균자본비용을 할인율로 해서 영업현금흐름을 현재가치로 계산한 가나기업의 가치는 다음과 같다.

$$V = \frac{C}{k_0} = \frac{240}{0.12} = 2{,}000$$

(3) (2)에서 구한 가나기업의 가치는 곧 자산가치이다. 여기에 부채비율이 100%인 점을 이용하면 이 기업의 대차대조표가 다음과 같다는 것을 알 수 있다.

B/S

자산 2,000	부채 1,000
	자본 1,000

3.3 현금흐름과 가중평균자본비용

(1) 영업현금흐름과 WACC

앞서 제4장 자본예산에서 우리는 투자안의 가치를 구할 때에 분자의 현금흐름은 영업현금흐름(무부채상태의 현금흐름)으로 측정한다고 하였다. 그런데 부채를 사용하면 이자비용의 감세효과 때문에 실제 기업에 유입되는 현금흐름은 무부채상태의 현금흐름보다 크다고 하였다. 그럼에도 무부채상태의 현금흐름을 사용하는 것은 분모의 할인율에 이자비용의 감세효과를 반영할 것이기 때문이라고 한 것을 기억할 것이다.

앞의 [식 7.4]에서와 같이 세후타인자본비용 k_i와 자기자본비용 k_e를 가중평균한 WACC가 바로 이자비용의 감세효과가 반영된 할인율인 것이다. 그리고 재무이론 전반에 걸쳐서 보통 가중평균자본비용이라고 할 때도 별도의 언급이 없으면 이를 말하는 것이다.

기업은 투자수명이 무한한 투자안이라고 생각하면 된다. 따라서 기업가치를 평가할 때에도 위와 같은 논리가 그대로 적용된다. [예제 7.3]의 내용이 분자에는 영업현금흐름을, 분모에는 이자비용의 감세효과가 반영된 WACC를 이용해서 기업가치를 구한 것이다.

(2) 기업현금흐름과 WACC

제4장 자본예산에서 기업현금흐름이라는 개념도 설명하였다. 이는 실제로 기업에 유입되는 현금흐름으로서 이자비용의 감세효과가 포함된 것이다. 구체적으로는 주주의 현금흐름과 채권자의 현금흐름을 더해서 구할 수도 있지만 영업현금흐름에 이자비용의 감세효과를 더해서 구할 수도 있다고 하였다(제4장의 식 4.4를 참조).

만약 기업을 평가하면서 미래 유입될 현금흐름을 이렇게 이자비용의 감세효과를 반영한 기업현금흐름으로 측정하였다고 하자. 그러면 분모의 할인율에는 이자비용의 감세효과를 반영하지 말아야 한다. 가중평균자본비용을 구할 때에 세후타인자본비용 k_i 대신에 세전타인자본비용 k_d를 사용하면 바로 이자비용의 감세효과가 반영되지 않은 할인율이 된다. 이를 이용해서 기업현금흐름의 현재가치를 구하면 기업가치가 된다.

예제 7-4

앞의 [예제 7.3]의 사례에서 이자비용의 감세효과를 현금흐름에 반영하여 가나기업의 가치를 산출해보라.

풀이

먼저 주어진 현금흐름 240이 무부채상태를 기준으로 산출한 영업현금이므로 이에 이자비용의 감세효과를 더하여 기업현금흐름을 구할 수 있다. 그런데 대차대조표에서 보면 부채금액이 1,000이고 이자율은 10%이므로 이자금액은 100이 된다. 따라서 기업현금흐름은 다음과 같다.

$$240 + 100 \times 0.2 = 260$$

그리고 세전타인자본비용과 자기자본비용을 가중평균한 WACC를 다음과 같이 구한다.

$$k_o = k_d \times \left(\frac{B}{B+S}\right) + k_e \times \left(\frac{S}{B+S}\right)$$
$$= 10 \times \frac{1}{2} + 16 \times \frac{1}{2} = 13\%$$

그러면 기업가치는 다음과 같이 산출된다.

$$V = \frac{C}{k_0} = \frac{260}{0.13} = 2{,}000$$

이는 앞의 결과와 동일한 값이므로 두 가지 방법 중 어떤 것을 사용해도 괜찮다는 것을 알 수 있다. 그러나 영업현금흐름을 현재가치로 계산하여 기업가치를 구하는 방법이 더 일반적인 방법이다.

3.4 자본조달방법과 기업가치

이제까지 설명한 현금흐름과 WACC의 관계를 이용해서 기업가치를 평가하는 식을 나타내면 다음과 같이 두 가지 형태로 표현할 수 있다.

$$\text{기업가치} = \frac{\text{영업현금흐름}}{k_i\text{와 } k_e\text{의 평균}} = \frac{\text{기업현금흐름}}{k_d\text{와 } k_e\text{의 평균}} \qquad \text{[식 7.6]}$$

사실 위 식은 제4장에서 제시한 투자안가치의 평가식인 [식 4.4]와 같은 것이다. 그때에는 자본비용에 관해서 아직 공부하지 않은 상태였기 때문에 할인율 R_1, 할인율 R_2라고만 표현하였을 뿐이다. 두 식을 비교해보면 할인율 R_1이 k_i와 k_e의 가중평균자본비용이고 할인율 R_2가 k_d와 k_e의 가중평균자본비용이라는 것을 알 수 있을 것이다.

그러면 이 두 가지 방법 중 어떤 방법을 사용하는 것이 좋을까? 어떤 방법을 사용해도 결국에는 동일한 결과가 나온다. 그렇지만 재무관리에서는 영업현금흐름을 k_i와 k_e의 가중평균자본비용으로 할인하는 방식을 주로 사용한다. 이제 그 이유를 설명하면 다음과 같다.

그림 7.1

기업가치의 결정원리

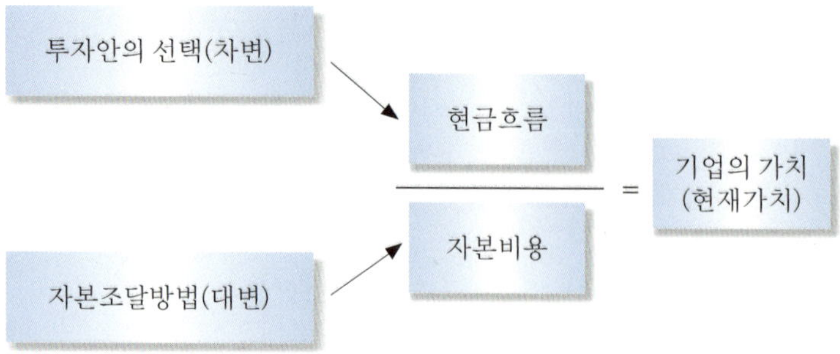

만약 기업현금흐름을 사용한다면 똑같은 투자안 또는 기업을 평가할 때에도 자본조달을 하면서 부채를 얼마나 사용하느냐에 따라서 현금흐름의 크기가 달라진다. 따라서 이를 매번 다시 측정해야 하는 불편함이 뒤따른다.

그러나 영업현금흐름을 이용하면 현금흐름의 크기가 자본조달방법에 영향을 받지 않는다. 이렇게 되면 투자안 또는 기업의 현재가치를 구하면서 분자의 현금흐름은 투자안의 선택에 의해서 결정되고 분모의 자본비용만 자본조달방법에 의해서 결정된다.

이러한 논리로 대차대조표(*B/S*)를 다시 보자. 차변은 자산운용내역을 나타낸다고 하였는데 이는 곧 기업이 어떤 투자안을 선택하였는가를 보여주는 것이다. 따라서 차변은 영업현금흐름을 결정짓는다. 그리고 대변은 자본조달내역을 나타낸다고 하였는데 이는 곧 기업의 자본조달방법이 반영된 것이다. 따라서 대변은 자본비용을 결정짓는다. 이 두 가지 요소가 결합하여 [그림 7.1]과 같이 기업가치를 결정짓는 것이다.

이 그림과 같은 구조를 보면 동일한 현금흐름의 기업(또는 투자안)이라고 해도 자본을 조달하는 방법에 의해서 자본비용이 달라지고 이에 따라서 그 가치도 달라진다는 것을 알 수 있다. 다음과 같은 예제를 통해서 이러한 내용을 확인해보자.

예제 7-5

가나기업은 자회사로서 ABC기업을 설립하려고 한다. ABC기업을 설립해서 운영하면 매년 10억원의 영업현금흐름이 생길 것으로 예상된다. ABC기업의 설립자금을 조달하는 방법은 다음과 같이 두 가지가 있다.

방법 1 : ABC기업의 부채비율이 100%가 되도록 자금을 조달한다. 부채는 연 10%의 이자율로 차입할 수 있고 주식발행으로 조달하는 자금에 대한 자기자본비용은 16%이다.

방법 2 : 부채비율이 400%가 되도록 자금을 조달한다. 이 경우에는 이자율은 10%이지만 자기자본비용이 23%로 증가한다.

법인세율은 20%라고 가정해서 각 자본조달방법에 따른 가중평균자본비용을 구하고 ABC기업의 가치를 구해서 어느 방법이 더 좋은가 보자.

풀이

(1) 이자비용의 감세효과를 고려하면 세후타인자본비용(k_i)은 다음과 같다.

$$k_i = k_d(1-t)$$
$$= 10\%(1-0.2) = 8\%$$

방법 1에서 부채비율이 100%라는 것은 전체자본 중 부채가 50%, 자본이 50%인 것이다. 이를 반영해서 가중평균자본비용은 다음과 같이 구할 수 있다.

$$k_o = k_i \times \left(\frac{B}{B+S}\right) + k_e \times \left(\frac{S}{B+S}\right)$$
$$= 8 \times \frac{1}{2} + 16 \times \frac{1}{2} = 12\%$$

따라서 ABC기업의 가치는 다음과 같다.

$$V = \frac{C}{k_o} = \frac{10}{0.12} = 83.3(\text{억원})$$

(2) 방법 2에 따라 자본을 조달하는 경우의 가중평균자본비용을 구한다. 부채비율이 400%라면 전체자본 중 부채가 80%, 자본이 20%인 것이다. 따라서 가중평균자본비용은 다음과 같다.

$$k_o = k_i \times \left(\frac{B}{B+S}\right) + k_e \times \left(\frac{S}{B+S}\right)$$
$$= 8 \times \frac{4}{5} + 23 \times \frac{1}{5} = 11\%$$

따라서 ABC기업의 가치는 다음과 같다.

$$V = \frac{C}{k_o} = \frac{10}{0.11} = 90.93(\text{억원})$$

방법 1보다 방법 2에 따를 경우 기업가치가 더 크게 되므로 방법 2가 더 좋다고 할 수 있다.

제7장 | 자본비용

요약

1. 자본비용은 자본사용에 대한 대가로서 타인자본비용과 자기자본비용으로 구분된다.
2. 타인자본비용은 이자비용의 감세효과를 감안해서 산출한다.
3. 자기자본비용은 CAPM을 이용해서 산출한다.
4. 가중평균자본비용(WACC)은 타인자본비용과 자기자본비용을 평균한 값이다.
5. 영업현금흐름을 WACC로 할인한 현재가치가 기업가치이다.
6. 기업가치를 높이려면 영업현금흐름이 크게 되도록 투자안을 선택하고 WACC가 작게 되도록 자본을 조달해야 한다.

종합예제

가나기업은 현재 시장가치를 기준으로 총자산에 대한 부채비율 20% 수준의 부채를 사용하고 있다. 이 회사의 재무담당이사는 무위험이자율인 7%의 차입능력을 유지하면서 현재 고려 중인 투자안에 대해서는 목표부채비율이 30%가 되도록 할 계획이다. 가나기업의 한계법인세율은 30%이고 내년의 시장포트폴리오에 대한 기대수익률은 17%로 추정되며, 현재 가나기업주식의 체계적 위험은 0.8이다.

(1) 이러한 상황에서 가나기업의 경영위험과 동일한 위험을 가진 투자안이 13%의 기대수익률을 갖고 있다면 이를 채택할 것인가?

(2) 만약 이 투자안이 가나기업의 현재 업종과는 달라서 경영위험을 나타내는 체계적 위험이 가나기업의 체계적 위험과는 달리 1.2로 추정된다면 투자안을 채택할 것인가?

(3) (2)의 투자안을 채택하면 무부채상태를 기준으로 기업가치는 18억원에서 20억원으로 증가된다. 목표자본구조는 부채비율 20%로서 변함이 없다고 가정할 때, 투자안을 채택한 후의 WACC는 어떻게 변화하는가?

풀이

(1) 본 문제에서는 재무레버리지를 총자산에 대한 부채비율, 즉 $\frac{B}{V}$로 정의하고 있으므로 Hamada모형을 이용할 때에는 $\frac{B}{S}$로 바꾸어서 사용해야 한다.

먼저 현재 기업의 β로부터 투자안 β를 구하고 이로부터 자기자본비용 및 투자안의 WACC를 산출한다.

① 현재 β → 무부채 β

$$\beta_L=\left[1+(1-t)\frac{B}{S}\right]\cdot\beta_U \text{에서}$$

그런데 $\frac{B}{V}=0.2$는 $\frac{B}{S}=\frac{1}{4}$이므로 다음이 성립한다.

$$0.8=\left[1+(1-0.3)\frac{1}{4}\right]\times\beta_U \qquad \therefore\ \beta_U=0.68$$

② 무부채 β → 투자안 β

투자안의 목표자본구조는 $\frac{B}{V}=0.3$ 에서, 즉 $\frac{B}{S}=\frac{3}{7}$ 이므로

$$\beta_L=\left[1+(1-0.3)\frac{3}{7}\right]\times 0.68=0.884$$

③ 자기자본비용

자기자본비용은 다음과 같이 SML을 이용해서 산출한다.

$$E(R_i)=R_f+[E(R_m)-R_f]\times\beta_i$$
$$=7+(17-7)\times 0.884=15.84(\%)$$

④ 투자안의 WACC 산출

투자안의 WACC는 다음과 같이 자기자본비용과 부채비용의 가중평균합으로 산출된다.

$$WACC=\frac{B}{V}\times k_d(1-t)+\frac{S}{V}\times k_i$$
$$=0.3\times 7(1-0.3)+0.7\times 15.84=12.558(\%)$$

즉, 투자안에 대한 자본비용은 12.558%인데 투자안의 기대수익률은 이보다 큰 13%이므로 투자안을 채택한다.

(2) 무부채 $\beta=1.2$이므로 재무레버리지를 반영한 β를 구하면 다음과 같다.

$$\beta_L=\left[1+(1-0.3)\frac{3}{7}\right]\times 1.2=1.56$$

이에 따른 자기자본비용은

$$E(R_i)=7+(17-7)\times 1.56=22.6(\%)$$

이제 투자안의 WACC를 구하면

$$WACC=0.3\times 7(1-0.3)+0.7\times 22.6=17.29(\%)$$

그런데 투자안의 기대수익률 13%는 이보다 작으므로 투자안을 기각한다.

(3) (2)와 같은 투자안을 채택하면 경영위험이 변화하고 이에 따른 β_U는 다음과 같이 β의 가산원리에 따라 산출한다.

$$\beta_U = \text{기존의 } \beta \times w + \text{투자안의 } \beta \times (1-w)$$
$$= 0.68 \times \frac{18}{20} + 1.2 \times \frac{2}{20} = 0.732$$

그리고 β_L은 다음과 같다.

$$\beta_L = \left[1 + (1-0.3)\frac{1}{4}\right] \times 0.732 = 0.86$$

이에 따른 자기자본비용은 SML을 이용하여 다음과 같이 산출한다.

$$E(R_i) = 7 + (17-7) \times 0.86 = 15.6(\%)$$

이제 기업의 WACC를 구하면 다음과 같다.

$$WACC = \frac{2}{10} \times 7(1-0.3) + \frac{8}{10} \times 15.6$$
$$= 13.46(\%)$$

08

자본구조이론

Financial Management

기업가치는 기업의 영업현금흐름을 가중평균자본비용으로 할인한 현재가치라고 하였다. 그래서 자본비용과 기업가치는 역의 관계에 있고 결국 영업현금흐름이 일정하다면 자본비용이 최소화되도록 자본을 조달하는 것이 기업가치를 최대화하는 방법이 된다. 그러면 자본을 어떻게 조달하는 것이 자본비용을 최소화시키는 방법이 될까? 다시 말하면 부채를 사용하는 것이 기업가치를 높이는 데 도움이 되는가, 만약 도움이 된다면 어느 정도까지 부채를 사용하는 것이 바람직한가를 다루는 것이 자본구조이론이다.

1 기초개념

1.1 자본구조이론의 쟁점

(1) 자본구조의 의미

제7장 자본비용에서 기업가치는 미래에 유입될 현금흐름을 가중평균자본비용으로 할인한 현재가치라고 하였다. 그리고 계속기업의 경우 기업이 벌어들이는 현금흐름은 무한히 계속될 것이고, 만약 그 크기(C)가 일정하다면 기업가치(V)를 다음과 같이 영구연금의 현재가치로 구할 수 있다고 하였다.

$$V = \frac{C}{(1+k_o)} + \frac{C}{(1+k_o)^2} + \cdots = \frac{C}{k_o} \qquad \text{[식 8.1]}$$

그리고 여기서 할인율로 이용되는 k_o는 가중평균자본비용(WACC)으로서 다음과 같이 산출한다고 하였다.

$$k_o = k_i \times \left(\frac{B}{B+S}\right) + k_e \times \left(\frac{S}{B+S}\right) \qquad \text{[식 8.2]}$$

그런데 이 식을 보면 가중평균자본비용(k_o)은 타인자본비용(k_i)과 자기자본비용(k_e), 그리고 부채의존도에 의해서 결정된다는 것을 알 수 있다.

여기서 부채의존도는 어느 정도의 부채를 사용하는가를 말하는데 총자본 중 부채가 차지하는 비율$\left(\frac{B}{B+S}\right)$, 또는 부채비율$\left(\frac{B}{S}\right)$로 측정하기 때문에 이는 곧 자본구조를 의미하는 것이 된다.[1]

---

1) 이러한 부채의존도를 재무레버리지(financial leverage)라고 한다.

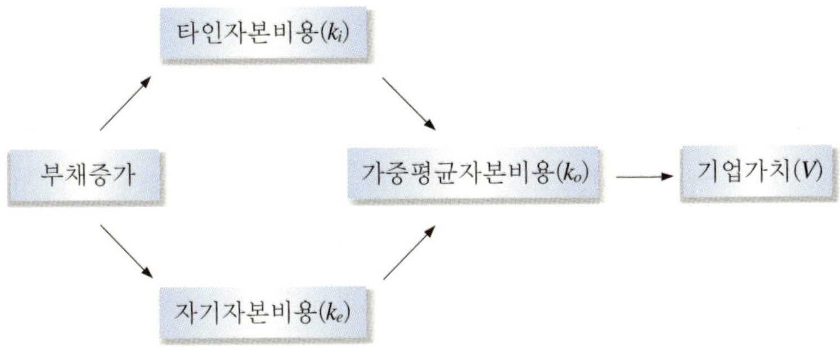

그림 8.1
자본구조이론의 쟁점

(2) 자본구조와 기업가치

자본구조이론의 내용은 결국 기업이 부채를 사용하면 자본비용은 어떻게 변하는가를 다루는 것이라고 할 수 있다. 좀 더 구체적으로 설명하면 영업이익이 일정한 상황에서 부채비율(자본구조)이 높아지면 타인자본비용(k_i)과 자기자본비용(k_e)이 각각 어떻게 변화하는지 그리고 이러한 변화의 결과로 가중평균자본비용(k_o)과 기업가치(V)는 어떻게 영향을 받는지를 살펴보는 것으로 요약된다.

1.2 부채사용효과

자본구조이론의 쟁점은 부채를 사용하면 자본비용은 어떻게 변화하는가를 분석하는 것이라고 하였다. 얼핏 생각하면 부채를 사용하는 것이 나쁠 것 같지만 반드시 그렇지만은 않다. 부채를 사용하면 유리한 효과와 불리한 효과가 동시에 존재하는데 대표적인 것을 먼저 간단하게 설명하겠다.

(1) 부채사용의 유리한 효과

대개 채권자들은 고정적인 이자를 받기 때문에 주주들보다 부담하는 위험이 작다. 위험이 작은 만큼 기대수익률도 낮다. 쉽게 말하면 투자자들이 회사채를 매입할 때 기대하는 수익률은 주식을 매입할 때 기대하는 수익률보다 낮다는 것이다. 그런데 투자자의 수익률은 기업에게는 자본비용이므로 타인자본비용이 자기자본비용보다 낮은 것이다.

가중평균자본비용은 타인자본비용과 자기자본비용을 각 자본이 총자본에서 차지하고 있는 구성비율로 평균한 값이므로 부채를 많이 사용할수록 더 낮은 수준의 타인자본비용이 차지하는 비중이 커져서 가중평균자본비용은 낮아진다. 이를 부채비용의 저렴효과라고 한다.[2)]

(2) 부채사용의 불리한 효과

기업이 부채를 많이 사용하면 주주들은 불안을 느껴서 주식을 내다 팔려고 한다. 이에 따라서 주가는 떨어지게 된다. 주가가 떨어진다는 것은 현재가치로 주가를 산출할 때 분모의 할인율(주식의 기대수익률, 자기자본비용)이 높아진다는 것을 의미한다. 결국 부채를 많이 사용할수록 자기자본비용이 점점 높아지게 되는데 이를 부채사용에 따른 자기자본비용의 상승효과라고 한다.[3)] 이로 인해서 가중평균자본비용도 높아지는 결과를 가져온다.

1.3 완전시장과 불완전시장

(1) 완전시장이론

자본구조이론에서 가장 중요한 이론은 모디글리아니와 밀러(MM : Modigliani and Miller)의 1958년 연구이다. MM의 이 연구는 세금이나 거래비용 등 거래마찰요인이 없는 완전자본시장을 가정해서 이루어진 것이다. 그 연구결과는 완전자본시장에서라면 가중평균자본비용

---

2) 소주(20°)가 담긴 그릇에 맥주(5°)를 부으면 전체 알코올 도수가 낮아지는 것과 같은 이치이다. 여기서 소주는 자기자본, 맥주는 부채이고 알코올 도수는 각각의 자본비용이다.

3) 부채를 사용하면 주주에게 귀속되는 순이익의 변동성(위험)이 증가하고 이에 따라서 자기자본비용이 상승하게 된다. 이를 재무위험이라고 하는데 자세한 내용은 다음 장에서 설명한다.

이나 기업가치는 부채를 사용한다고 해도 아무런 영향을 받지 않는다는 것이다. 그래서 이를 자본구조무관련이론(irrelevance theory of capital structure)이라고 한다.

부채를 사용해도 기업가치에는 아무런 변화가 없다는 것이 선뜻 이해가 가지 않을 것이다. 그 이유는 완전자본시장이라는 것이 비현실적이고 이러한 비현실적인 완전자본시장을 전제로 한 연구이기 때문에 그 결과도 비현실적으로 나온 것이라고 생각하면 된다.

(2) 불완전시장이론

현실적으로 부채사용은 기업가치에 영향을 준다. 그 이유는 현실세계가 세금, 거래비용 등이 존재하는 불완전자본시장이기 때문이다. 이러한 불완전요인들을 고려하면 보다 현실적인 자본구조이론을 제시할 수 있다.

MM은 불완전요인 중에서 법인세를 고려한 자본구조이론을 1963년에 추가로 발표하였다. 이 연구결과는 법인세만 고려한다면 부채를 많이 사용할수록 기업가치는 증가한다는 것이다. 그러나 이 역시 현실적인 상황을 설명하는데 미흡하다. 따라서 MM의 연구결과를 현실에 접근시키기 위해서 법인세 이외의 다른 불완전요인들, 예를 들면 파산비용, 대리비용 등과 같은 현실적인 문제를 추가로 반영하는 연구가 뒤를 이었다.

완전시장의 자본구조이론 2

2.1 개 요

자본시장이 완전하다는 가정 하에서 MM은 1958년에 자본구조무관련이론을 제시하였다. 이는 어떤 기업의 영업현금흐름이 일정한 값으로 주어진 상황이라면 그 기업이 부채를 사용하여 자본구조가 변한다고 해도 기업가치에는 변화가 없다는 것이다. 즉, 영업현금흐름이 변하지 않는다면 자본구조가 바뀌어도 기업가치는 변하지 않는다는 것이다. 그래서 자본구조무관련이론이라고 하는 것이다.

왜 이렇게 되는지를 자본비용의 관점에서 먼저 설명한 후 그 결과를 기업가치와 연관시켜서 순서대로 설명해보자.

2.2 자본비용

앞서 부채사용이 가중평균자본비용에 미치는 효과를 두 가지로 설명하였다.

첫 번째 효과는 타인자본비용이 자기자본비용보다 낮기 때문에 부채를 사용할수록 총자본 중 타인자본의 비중이 커져서 가중평균자본비용이 낮아지는 유리한 효과이다.

두 번째 효과는 부채를 사용할수록 주주들이 부담하는 위험이 커져서 자기자본비용이 높아지고 이에 따라 가중평균자본비용이 높아지는 불리한 효과이다.

MM은 완전시장에서라면 이 두 가지 효과의 크기가 똑같다고 하였다. 그래서 부채를 사용할 때 생기는 유리한 효과와 불리한 효과가 상쇄되어 가중평균자본비용은 변하지 않고 일정한 값을 갖게 된다고 하였다.

법인세가 없는 경우 타인자본비용은 k_d이므로 부채를 사용한 기업의 가중평균자본비용은 다음과 같다.

$$k_o = k_d \times \left(\frac{B}{B+S}\right) + k_e \times \left(\frac{S}{B+S}\right) \qquad [식\ 8.3]$$

이 식에서 자기자본비용(k_e)은 부채기업(levered firm)의 자기자본비용이므로 k_e^L로 표시하자. 그리고 이 식을 자기자본비용(k_e^L)에 대해서 정리하면 다음과 같게 된다.

그림 8.2

완전시장에서의 자본구조 이론

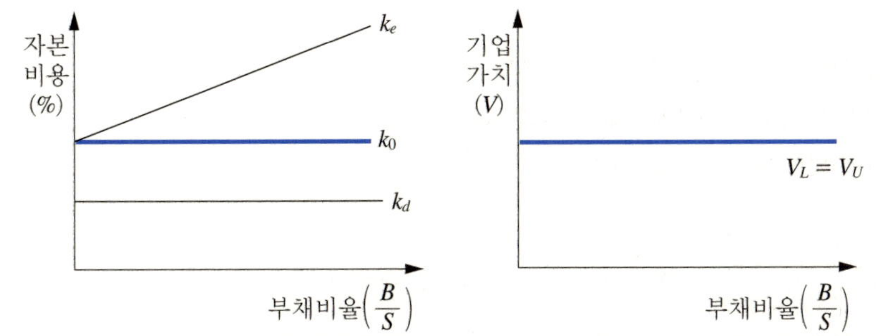

(a) 부채사용에 따른 자본비용의 변화 (b) 부채사용에 따른 기업가치의 변화

$$k_e^L = k_o + (k_o - k_d) \cdot \frac{B}{S}$$

그런데 여기서 가중평균자본비용(k_o)은 부채사용의 유리한 효과와 불리한 효과가 똑같기 때문에 부채사용과는 상관없이 항상 일정한 값을 갖는다고 하였다. 따라서 이는 무부채기업의 k_o와 같을 것이고 무부채기업의 경우에는 k_o가 곧 자기자본비용이므로 $k_o = k_e^U$이다. 이를 이용하면 위 식을 다음과 같이 고쳐 쓸 수 있다.

$$k_e^L = k_e^U + (k_e^U - k_d) \cdot \frac{B}{S} \qquad [식\ 8.4]$$

그런데 여기서 k_e^U의 값은 이자율 k_d보다 큰 값이므로 위 식에서 부채비율($\frac{B}{S}$)의 계수인 ($k_e^U - k_d$)가 양의 값을 갖는다. 따라서 [식 8.4]를 그림으로 나타내면 [그림 8.2]의 (a)에서 우상향하는 직선으로 나타난다. 이렇게 우상향하는 모습은 부채수준이 높을수록 자기자본비용이 상승한다는 것으로서 앞서 말한 부채사용의 불리한 효과를 의미하는 것이다.

그리고 이러한 자기자본비용의 상승이 부채비용의 저렴효과를 정확하게 상쇄하여 결과적으로는 가중평균자본비용 k_o가 일정하게 된다. 이를 [그림 8.2]의 (a)에서 수평선 k_o로 확인할 수 있다.

2.3 기업가치

기업가치는 영업현금흐름을 현재가치로 계산한 것이라고 하였다. 이렇게 현재가치를 계산할 때 사용되는 할인율은 가중평균자본비용 k_o인데 이 값은 [그림 8.2]의 (a)에서 보듯이 부채비율과 상관없이 일정하다.

따라서 이러한 가중평균자본비용에 의해서 산출되는 기업가치는 영업현금흐름이 일정하다면 이 역시 부채사용과 무관하게 일정한 값을 갖게 된다. 즉, 부채기업의 가치(V_L)는 무부채기업의 가치(V_U)와 똑같게 되는데 이러한 관계를 식으로 나타내면 다음과 같다.

$$V_L = V_U \quad \text{[식 8.5]}$$

위 식으로 표시되는 기업가치를 가중평균자본비용과 대응해서 나타낸 그림은 [그림 8.2]의 (b)에서 확인할 수 있다.

지금까지 설명한 완전자본시장에서의 자본구조이론을 다음의 예제를 통해서 구체적으로 이해해보자.

예제 8-1

가나전자(주)는 무부채기업으로서 자본비용은 20%인데 매년 영업현금흐름은 3억원으로 기대된다. 완전자본시장을 가정해서 다음 각 물음에 답하라.

(1) 가나전자(주)의 기업가치는 얼마인가?
(2) 가나전자(주)가 만약 부채 5억원을 사용하고 있는 기업이라면 자기자본비용과 가중평균자본비용은 얼마인가? 단, 부채의 이자율은 10%이다.

(3) 부채비율의 변화에 따른 자본비용의 변화를 그림으로 나타내라.

풀이

(1) 가나전자(주)의 기업가치는 영업현금흐름을 자본비용으로 할인한 값이다.

$$V = \frac{3}{0.2} = 15\text{ (억원)}$$

(2) $V = B + S$ 에서 $S = V - B$ 이므로 자기자본가치를 구하면 다음과 같다.

$$S = 15 - 5 = 10\text{ (억원)}$$

[식 8.4]를 이용하면 다음과 같이 자기자본비용을 구할 수 있다.

$$k_e^L = k_e^U + (k_e^U - k_d) \cdot \frac{B}{S}$$
$$= 0.2 + (0.2 - 0.1) \times \frac{5}{10} = 0.25\ (25\%)$$

따라서 가중평균자본비용은 다음과 같다.

$$k_o = k_d \times \frac{B}{V} + k_e \times \frac{S}{V}$$
$$= 0.1 \times \frac{5}{15} + 0.25 \times \frac{10}{15} = 0.2\ (20\%)$$

이처럼 부채수준(자본구조)과는 상관없이 가중평균자본비용은 항상 일정한 값(20%)을 갖는다.

(3) 부채비율과 자본비용의 관계를 그림으로 나타내면 다음과 같다.

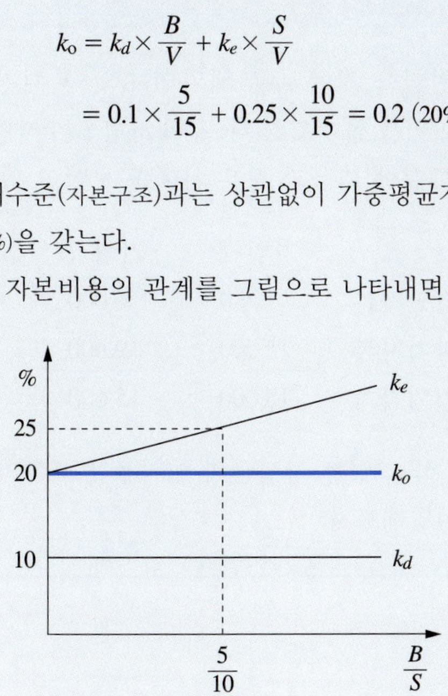

2.4 차익거래

자본구조무관련이론의 결론은 영업이익이 동일한 기업이라면 자본구조가 다르더라도 기업가치(가중평균자본비용)가 똑같다는 것이다. 차익거래(arbitrage)를 이용해서 이를 증명해 보일 수 있다.

차익거래란 재정거래라고도 하는데 동일한 상품이 서로 다른 가격으로 거래되는 경우 낮은 가격의 상품을 매입하고 높은 가격의 상품을 매도함으로써 두 가격의 차이에 해당하는 이익을 얻는 거래를 말한다.

영업이익이 똑같은 무부채기업(U)과 부채기업(L)이 있는데 부채기업의 가치(V_L)가 무부채기업의 가치(V_U)보다 더 높게 형성되어 있다고 가정하자. 이러한 경우 차익거래가 작용하여 결국에는 두 기업의 가치가 같게 되는 과정을 다음의 예제로 확인해보자.

예제 8-2

동일한 경영위험을 갖는 무부채기업 U와 부채기업 L이 똑같이 3,000원의 영업이익을 올리고 있다. 부채기업 L은 타인자본을 6,000원만큼 사용하기 때문에 다음과 같은 차이를 보이고 있다.

	기업 U	기업 L
타인자본	0	6,000
자기자본	15,000	9,600
기업가치	15,000	15,600

기업 L이 사용하고 있는 차입금의 이자율은 10%라고 가정해서 차익거래과정을 설명해보자.

풀이 ▶

(1) 두 기업의 영업이익 3,000원은 똑같으므로 다음과 같이 똑같은 크기의 원(pie)으로 나타내고 여기에 주주의 몫과 채권자의 몫을 표시해 보자

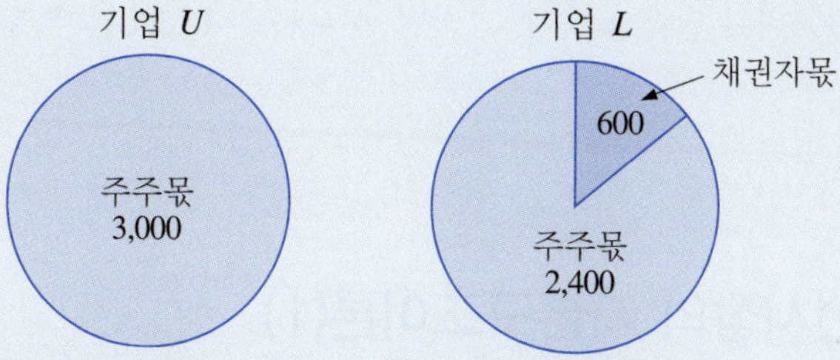

	기업 U		기업 L
S_U	15,000	S_L	9,600
B_U	0	B_L	6,000
V_U	15,000	V_L	15,600

위의 그림에서 L주주는 현재 L기업으로부터 매년 2,400원의 현금흐름을 받고 있다. 그런데 L기업가치가 더 높게 형성되어 있으므로 L주주는 L주식을 매각하고 U주식을 매입하는 차익거래를 할 수 있다. 단계별로 차익거래과정을 살펴본다.

① L주식 모두를 처분하여 9,600원을 확보한다.

② 그리고 기업 L의 부채와 똑같은 크기인 6,000원을 개인적으로 차입한다. 그러면 총가용자금은 15,600원이 된다.

③ 이제 U주식 전체를 사들인다. 이에 15,000원이 소요되므로 600원이 남게 된다.

이렇게 하고나면 이제부터 L주주는 기업 U로부터 영업이익 3,000원을 받는다. 그러나 개인적으로 빌린 6,000원에 대한 이자 600원(= 6,000 × 10%)을 빼고 나면 2,400원의 현금흐름을 갖게 되는데 이는 종전에 L주식을 보유할 때와 똑같은 금액이다. 따라서 ③단계에서 U주식을 사고 남은 600원이 차익거래의 결과로 얻게 되는 이익이 된다.[4)]

---

4) 이를 재정이익이라고 하는데 이는 두 기업가치의 차이 600원(= 15,600 − 15,000)과 일치한다.

따라서 시장에서 투자자들은 U주식을 사려고 하고 L주식은 팔려고 한다. 그 결과 U주식가격은 오르고 L주식가격은 내린다. 이러한 과정은 부채기업의 가치(V_L)는 무부채기업의 가치(V_U)가 같아질 때까지 계속되어 결국에는 $V_L = V_U$가 성립한다.

예를 들어서 L주가는 하락해서 9,300원이 되고 U주가는 상승하여 15,300원이 된다고 하자. 그러면 $V_L = V_U = 15{,}300$원이 된다는 것이다.

3 불완전시장의 자본구조이론(1)

3.1 개 요

부채를 사용해도 기업가치는 변하지 않는다는 자본구조무관련이론은 선뜻 이해가 되지 않을 수 있다. 이미 말했듯이 그 이유는 비현실적인 완전자본시장을 가정했기 때문이다. 현실적인 자본시장에는 세금이나 거래비용과 같은 불완전요인들이 존재하기 때문에 현실적인 자본구조이론을 도출하려면 이러한 불완전요인들을 고려해야 한다. 이제부터 설명할 불완전시장의 자본구조이론은 모두 자본구조무관련이론에 이러한 현실적 요인들을 추가한 것들이다.

기업을 연구하면서 가장 중요하게 고려해야 할 불완전요인은 법인세라고 할 수 있다. MM은 1958년 논문에 이어서 1963년에 또 하나의 논문을 발표하면서 법인세를 고려할 경우 앞서 발표한 자본구조무관련이론이 어떻게 달라지는가를 보여주었다.[5)]

5) MM이 1958년에 발표한 것은 자본구조무관련이론이라고 하고, 1963년에 발표한 것은 법인세를 고려하여 종전의 자본구조무관련이론을 수정하였다고 해서 수정이론이라고 부른다.

3.2 자본비용

(1) 자기자본비용

부채사용의 불리한 효과는 부채를 많이 사용할수록 자기자본비용이 상승하는 것이라고 하였다. 그런데 MM은 1963년의 연구에서 법인세가 있는 경우에는 이 불리한 효과가 법인세가 없는 완전시장의 경우보다 더 작아진다고 하였다. 왜냐하면 법인세가 있는 경우에 주주는 이자비용의 감세효과를 얻을 수 있기 때문이다.

법인세가 없는 완전시장에서 자기자본비용의 산출식을 다음의 [식 8.4]에서 다시 한 번 살펴보자.

$$k_e^L = k_e^U + (k_e^U - k_d) \cdot \frac{B}{S} \qquad \text{[식 8.4]}$$

이 식의 우상향하는 모습이 바로 부채사용의 불리한 효과를 보여주는 것이다. 법인세를 고려하면 이자비용의 감세효과 때문에 이러한 불리한 효과가 좀 줄어든다. 이를 반영한 자기자본비용의 산출식이 다음과 같다.

$$k_e^L = k_e^U + (k_e^U - k_d)(1 - t) \cdot \frac{B}{S} \qquad \text{[식 8.6]}$$

단, t : 법인세율

위 두 식을 비교해보자. 두 식 모두 부채를 사용하면 자기자본비용 k_e^L이 증가한다는 것을 보여준다. 이것은 둘 다 부채사용에 따른 불리한 효과가 존재한다는 의미이다.

그러나 그 증가폭을 나타내는 기울기를 보면 법인세가 존재하는 경우에는 $(k_e^U - k_d)(1 - t)$이고 법인세가 없는 경우에는 $(k_e^U - k_d)$이다. 그런데 $0<t<1$ 이므로 법인세가 존재하는 경우의 기울기가 더 작다는 것을 알 수 있다. 그래서 [그림 8.3]에서 자기자본비용을 나타내는 직선

그림 8.3
법인세를 고려한 경우 자본구조이론

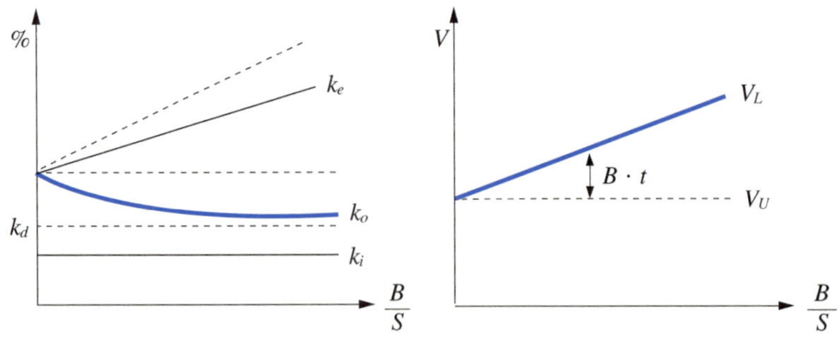

(a) 부채사용에 따른 자본비용의 변화 (b) 부채사용에 따른 기업가치의 변화

이 [그림 8.2]의 그것보다 완만하게 된다. 이것은 법인세가 존재할 때의 불리한 효과는 완전자본시장에서의 불리한 효과보다 작다는 의미이다.

(2) 가중평균자본비용

이번에는 부채사용에 따른 가중평균자본비용의 변화를 살펴보자. 이를 위해서 [식 8.6]으로 표현한 자기자본비용과 세후타인자본비용 $k_i = k_d(1 - t)$을 가중평균자본비용식 [식 8.2]에 대입해보자. 대입한 결과를 정리하면 다음과 같은 k_o^L의 산출식이 된다.

$$k_o^L = k_e^U\left(1 - t \cdot \frac{B}{V}\right) \qquad \text{[식 8.7]}$$

이 식을 살펴보면 부채를 많이 사용할수록 $\frac{B}{V}$가 1에 가까워지므로 가중평균자본비용 k_o^L은 점점 더 감소한다는 것을 확인할 수 있다. 다시 말하지만 이는 부채사용의 유리한 효과는 그대로인데 부채사용의 불리한 효과가 법인세 때문에 종전보다 작아졌기 때문이다. 그래서 가중평균자본비용은 부채의존도가 높아질수록 감소하는 것이다.

이러한 관계를 그림으로 나타내면 [그림 8.3]의 (a)와 같다. 점선은 비교를 위해 완전시장의 자기자본비용과 가중평균자본비용을 나타낸 것이다.

3.3 기업가치

기업가치는 미래의 영업현금흐름을 가중평균자본비용으로 할인한 현재가치이기 때문에 기업가치와 가중평균자본비용은 역관계에 있다고 하였다. 그런데 법인세가 존재하는 경우에는 부채의존도가 높을수록 가중평균자본비용이 작아지므로 이는 부채를 사용하면 기업가치는 더 커진다는 뜻이 된다. 그렇다면 부채기업이 현금흐름이 똑같은 무부채기업에 비해서 기업가치가 얼마나 더 클까?

이를 확인하기 위해서 똑같은 영업이익수준에서 부채를 사용하지 않은 경우(U)와 부채를 사용하는 경우(L)에서의 기업현금흐름을 비교해보자.

	무부채 U	부채사용 L	
영업이익	$EBIT$	$EBIT$	
지급이자	–	k_dB	→ 채권자몫
세전이익	$EBIT$	$EBIT - k_dB$	
법인세	$EBIT\ t$	$(EBIT - k_dB)\ t$	
세후이익	$EBIT(1-t)$	$(EBIT - k_dB)(1-t)$ $= EBIT(1-t) - k_dB(1-t)$	→ 주주몫
현금흐름	$EBIT(1-t)$	$EBIT(1-t) + k_dBt$	→ 채권자몫 + 주주몫

기업의 가치가 부채가치와 자기자본가치의 합으로 구성되듯이 기업현금흐름도 채권자에게 귀속되는 현금흐름과 주주에게 귀속되는 현금흐름의 합으로 구성된다.

위 표에서 현금흐름의 크기를 비교해보자. 부채를 B만큼 사용하면 (L)이 부채를 사용하지 않는 경우(U)에 비해서 매년 k_dBt만큼의 현금

유입이 더 많다는 것을 알 수 있다.[6)]

이는 결국 부채를 B만큼 사용하면 무부채상태에 비해서 현금흐름 k_dBt의 현재가치만큼 기업가치를 높일 수 있다는 것이다. 그리고 부채를 계속 사용한다면 그 크기는 다음과 같이 영구연금의 현재가치를 구하는 방식으로 구할 수 있다.

$$\frac{k_dBt}{(1+k_d)} + \frac{k_dBt}{(1+k_d)^2} + \cdots = \frac{k_dBt}{k_d} = Bt \qquad [식\ 8.8]$$

따라서 부채를 사용하는 경우의 기업가치 V_L은 무부채상태의 기업가치 V_U보다 이자비용의 감세효과의 현재가치($B \cdot t$)만큼 크다는 것을 알 수 있다. 이러한 내용은 다음과 같은 식으로 표현된다.

$$V_L = V_U + B \cdot t \qquad [식\ 8.9]$$

지금까지 설명한 법인세가 존재하는 경우의 자본구조이론의 내용을 다음 예제로 확인해보자.

예제 8-3

가나기업은 무부채기업으로서 영업이익이 5억원이다. 현재 자기자본비용은 20%이고 법인세율은 40%라고 하자.

(1) 현재 가나기업의 가치는 얼마인가?

(2) 가나기업이 만약 10억원의 부채를 사용하고 있는 기업이라면 가나기업의 가치는 얼마가 되는가? 부채사용으로 기업가치가 얼마나 증가하였나? 단, 부채이자율은 10%이다.

(3) (2)와 같은 경우 가나기업의 자기자본비용과 가중평균자본비용은 얼마인가?

(4) 이의 결과를 그림으로 나타내보자.

6) 이것이 제7장 자본비용에서 설명한 이자비용($I = k_dB$)의 감세효과, 즉 이자비용에 법인세율을 곱한 금액($It = k_dBt$)에 해당하는 것이다.

풀이 ▶

(1) 가나기업은 무부채기업이므로 다음과 같이 법인세를 차감한 후의 순이익을 현재가치로 계산한 자기자본가치가 곧 기업가치가 된다.

$$V_U = \frac{5(1-0.4)}{0.2} = 15 \text{ (억원)}$$

(2) [식 8.9]를 이용해서 다음과 같이 부채기업의 가치를 구한다.

$$\begin{aligned} V_L &= V_U + B \cdot t \\ &= 15 + 10 \times 0.4 = 19 \text{ (억원)} \end{aligned}$$

이는 무부채상태의 기업가치 15억원보다 4억원이 더 큰 값이다. 이는 결국 10억원의 부채사용으로 4억원만큼의 기업가치를 증가시켰다는 의미이다.

(3) 부채사용에 따른 자본비용의 변화를 파악하려면 먼저 부채비율을 알아야 하므로 이를 위해서 부채금액과 자기자본금액을 구한다.

$$V_L = S + B \text{ 에서 } S = V_L - B = 19 - 10 = 9$$

이제 [식 8.6]을 이용해서 자기자본비용을 구하면

$$\begin{aligned} k_e^L &= k_e^U + (k_e^U - k_d)(1-t) \cdot \frac{B}{S} \\ &= 0.2 + (0.2-0.1)(1-0.4)\frac{10}{9} = 0.267 \text{ (26.7\%)} \end{aligned}$$

가중평균자본비용은 타인자본비용과 자기자본비용의 평균값이므로

$$\begin{aligned} k_0 &= k_d(1-t) \times \frac{B}{V} + k_e \times \frac{S}{V} \\ &= 0.1 \times (1-0.4) \times \frac{10}{19} + 0.267 \times \frac{9}{19} = 0.158 \text{ (15.8\%)} \end{aligned}$$

가중평균자본비용은 [식 8.7]을 이용해서 다음과 같이 직접 구할 수도 있다.

$$\begin{aligned} k_0^L &= k_0^U\left(1 - t \cdot \frac{B}{V}\right) \\ &= 0.2\left(1 - 0.4 \times \frac{10}{19}\right) = 0.158 \text{ (15.8\%)} \end{aligned}$$

(4) 지금까지의 내용을 그림으로 나타내면 다음과 같다.

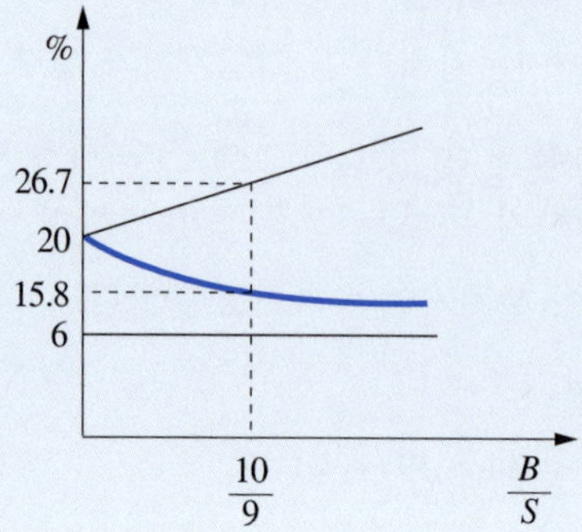

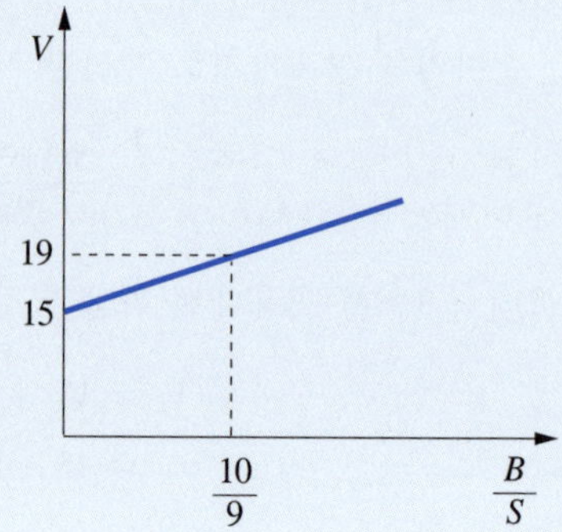

4 불완전시장의 자본구조이론(2)

4.1 개 요

MM이 1958년에 발표한 자본구조무관련이론은 완전시장이라면 부채사용이 기업가치에 아무런 영향을 주지 않는다는 것이다. 그리고 1963년에 발표한 수정이론에서는 불완전요인 중 법인세만을 고려한다면 부채사용이 기업가치를 높인다는 것이다. 이에 따르면 부채를 최대한 많이 사용하는 것이 좋다는 말이 된다.

그런데 현실은 반드시 그렇지만은 않다. 그 이유는 현실적으로 불완전요인은 법인세만 있는 것이 아니라 그 외에도 여러 요인들이 있기 때문이다. 이러한 여러 요인들 중 파산비용을 고려해서 좀 더 현실적인 자본구조이론을 살펴보자.

4.2 자본비용

(1) 파산비용

기업이 부채를 사용하면 이자와 원금을 채권자에게 지급해야 하는데 경영상황이 악화되면 이를 지급하지 못하는 경우가 발생한다. 이러한 채무불이행으로 기업이 정리되는 것을 파산이라고 한다. 파산은 채권자가 법원에 파산신청을 하고 법원이 파산선고를 한 후 기업이 해산되는 과정을 밟는다. 이러한 과정에서 발생하는 비용을 파산비용(bankruptcy cost)이라고 한다.

파산비용은 직접비용과 간접비용으로 구분된다. 파산과정에서 변호사나 공인회계사에게 지급하는 수수료, 그리고 보유재고를 처분하면서 제값을 받지 못하여 발생하는 손실 등은 파산의 직접비용이다. 그리고 파산에 따른 이미지실추, 거래처 상실로 발생하는 손실 및 추가적인 자본조달의 어려움 등은 파산의 간접비용이다. 알트만(Altman)의 연구에 따르면 파산의 직접비용은 기업가치의 6%, 간접비용은 11% 정도된다고 한다.

(2) 파산비용과 자본비용

우리는 그동안 부채에 대한 이자율, 즉 타인자본비용이 일정하다고 가정해왔다. 그러나 채권자의 입장에서는 돈을 빌려가는 기업의 부채가 많으면 파산가능성을 염두에 두지 않을 수 없다. 따라서 더 높은 이자율을 요구하거나 아니면 다른 금융기관으로부터 지급보증을 받아올 것을 요구한다. 이는 모두 돈을 빌리는 기업의 입장에서는 타인자본비용의 상승을 의미하는 것이다.

결국 파산의 가능성을 고려하면 타인자본비용은 부채가 일정수준을 넘으면서부터 상승하게 되고 이는 결과적으로 가중평균자본비용을 상승시킨다. 이러한 효과를 MM의 자본구조이론에 결합시켜서 그림으로 나타내면 [그림 8.4]의 (a)와 같게 된다.

그림 8.4

법인세와 파산비용을 고려한 자본 구조이론

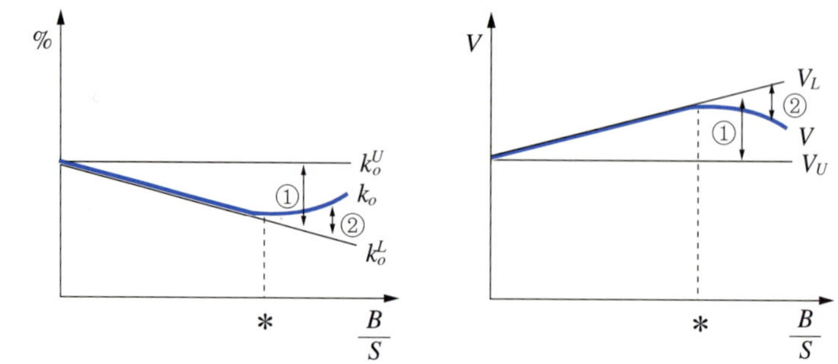

(a) 부채사용에 따른 자본비용의 변화 (b) 부채사용에 따른 기업가치의 변화

4.3 기업가치

기업이 파산하면 파산비용이라는 현금지출이 발생하므로 기업가치는 감소한다. 이러한 점을 감안해서 사람들은 파산하지 않은 기업이라고 해도 파산가능성이 있다고 판단되면 그 기업가치를 낮게 평가할 것이다. 얼마만큼 낮게 평가할까? 파산비용에 파산가능성(파산확률)을 곱한 기대파산비용만큼을 낮게 평가한다. 즉, 파산비용이 100만원이고 파산확률이 0.4이면 기대파산비용은 40만원이 된다. 그런데 파산이 발생하더라도 미래시점에 발생할 것이므로 현재시점에서는 기대파산비용 40만원의 현재가치만큼 기업가치가 낮게 평가될 것이다. 이를 기대파산비용의 현재가치라고 한다.

이러한 내용을 MM의 수정이론에 추가하여 반영하면 부채기업의 가치는 다음 식으로 나타낼 수 있다.

$$V_L = V_U + B \cdot t - \text{기대파산비용의 현재가치} \quad [\text{식 } 8.10]$$

지금까지 설명한 파산비용이론을 그림으로 나타내보자. [그림 8.4]의 (a)는 법인세효과와 파산비용의 효과를 함께 고려해서 부채비율과 자본비용의 관계를 나타낸 것이다. 그리고 (b)는 (a)의 가중평균자본비용에 대응한 기업가치의 변화를 나타낸 것이다. 여기서 ①은 이자비용의 감세효과를 나타내고, ②는 파산비용효과를 의미한다.

법인세와 파산비용까지 고려한 자본구조이론에 따르면 부채를 사용하면 처음에는 기업가치가 증가하지만 어느 수준을 넘어서면 기업가치가 하락한다. 따라서 [그림 8.4]에서 보듯이 *수준의 부채를 사용하는 것이 가중평균자본비용을 최소화하면서 동시에 기업가치를 최대화하는 수준임을 알 수 있다. 이를 최적자본구조(optimal capital structure)라고 한다.

완전시장에서는 부채사용이 기업가치에 아무런 영향을 주지 않는다고 하였다. 그렇지만 법인세를 고려하면 부채를 많이 사용할수록 기업가치가 높아진다고 하였다. 이 모두 비현실적이라는 느낌이 든다. 그러나 파산비용까지 고려하면 어느 정도의 부채사용은 기업가치를 높이지만 지나치면 오히려 기업가치를 감소시킨다는 것이다. 이 이론에 따르면 기업가치를 최대화시키는 부채수준이 존재한다는 것인데 앞서의 두 가지 자본이론에 비해서 훨씬 현실적이다. 그럴 수밖에 없는 것은 현실적인 불완전요인을 가장 많이 반영한 이론이기 때문이다.

예제 8-4

가나기업은 100억원의 자본이 필요한데 얼마의 부채를 사용할 것인가를 고려하고 있다. 부채사용금액별로 파산확률이 다음과 같다.

부채금액(억원)	20	40	60	80
파산확률(%)	5	15	30	60

얼마의 부채를 사용하는 것이 가나기업의 가치를 최대화시키는 자본구조가 되는가? 단, 이자율은 10%, 법인세율은 20%이고 현재가치로 측정한 파산비용은 20억원이라고 하자. 그리고 100억원 모두 자기자본으로 조달할 경우 기업가치는 100억원이다.

풀이

100억원을 자기자본만으로 조달하면 무부채기업의 가치가 100억원이라고 하였으므로 20억원의 부채를 사용할 때 이자비용의 감세효과까지 반영한 기업가치는 다음과 같다.

$$V_L = V_U + t \cdot B$$
$$= 100 + 0.2 \times 20 = 104 \text{ (억원)}$$

그런데 이 값에서 기대파산비용의 현재가치를 차감해야 파산비용까지 고려한 기업가치를 구할 수 있다. 파산비용의 현재가치 20억원에 발생확률 5%를 곱하면 기대파산비용의 현재가치 1억원을 구할 수 있다. 따라서 기업가치는 103억원(=104 - 1)이 된다.

부채금액 40억원, 60억원, 80억원에 대해서도 똑같은 방법으로 기업가치를 구하면 다음과 같다.

$$V_L = 100 + 0.2 \times 40 - 0.15 \times 20 = 105 \text{ (억원)}$$
$$V_L = 100 + 0.2 \times 60 - 0.3 \times 20 = 106 \text{ (억원)}$$
$$V_L = 100 + 0.2 \times 80 - 0.6 \times 20 = 104 \text{ (억원)}$$

위의 결과에서 가나기업은 60억원의 부채를 사용하는 것이 기업가치를 최대화시키는 것이다. 이때 자기자본(S)은 46억원(= 106 - 60)이므로 이를 그림으로 나타내면 다음과 같다.

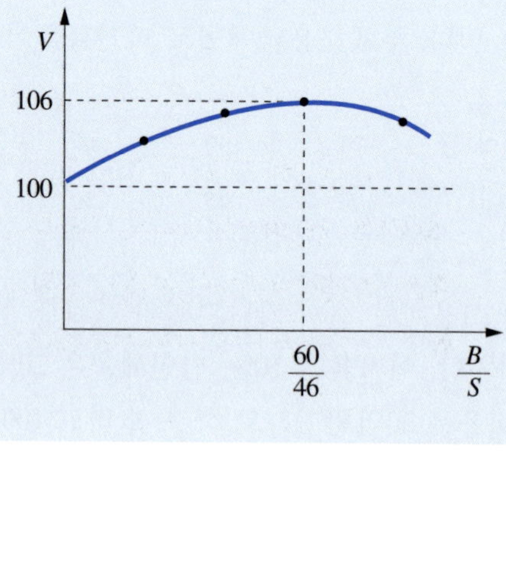

제8장 | 자본구조이론

요약

1. 부채를 사용하면 가중평균자본비용을 낮추는 유리한 효과가 있는데 이를 부채비용의 저렴효과라고 한다.
2. 동시에 부채는 자기자본비용을 높이는 불리한 효과가 있는데 이는 가중평균자본비용을 높이는 것이다.
3. 완전자본시장의 자본구조무관련이론은 부채사용의 유리한 효과와 불리한 효과의 크기가 똑같기 때문에 부채를 사용해도 가중평균자본비용(또는 기업가치)은 변동이 없다는 것이다.
4. 법인세를 고려하면 이자비용의 감세효과 때문에 부채사용의 불리한 효과가 유리한 효과보다 작아진다. 따라서 이런 경우에는 부채를 사용할수록 가중평균자본비용은 점점 작아지고 이에 따라 기업가치는 점점 커진다.
5. 법인세에 파산비용까지 고려하면 어느 수준까지는 부채사용의 유리한 효과가 더 크지만 이 수준을 넘어서면서 부채사용의 불리한 효과가 더 커지게 된다. 이 수준이 가중평균자본비용이 가장 작고 따라서 기업가치는 가장 크게 되는데 이때의 부채비율을 최적자본구조라고 한다.

종합예제

가나기업은 자기자본기업으로 현재 발행주식수는 20만 주이고 기업가치는 40억원이다. 이 회사 주주들의 요구수익률은 20%이고 법인세율은 30%이다. 이러한 상황에서 사장은 부채사용이 법인세효과만큼 기업가치를 증가시킨다는 이야기를 듣고 10% 이자율로 10억원의 부채를 조달하여 자사주를 매입함으로써 자본구조를 변경하려고 한다. 그래서 자금부장에게 주식을 몇 주를 매입할 수 있는가와 자본구조변경 후의 주식가격을 산출하도록 지시하였다. 자금부장의 입장에서 아래와 같은 사장의 요구에 답하라.

(1) 매입가능한 주식수
(2) 자본구조변경 후의 주가수준

풀이

먼저 다음과 같은 풀이과정을 살펴보자.

$$\text{매입 전 1주당 가격} = \frac{\text{40억원}}{\text{20만 주}} = 20{,}000(\text{원})$$

$$\text{매입주식수} = \frac{\text{10억원}}{\text{2만원}} = 50{,}000(\text{주})$$

매입 후 기업가치는 MM(1963)의 제1명제의 의해서

$$\begin{aligned} V_L &= V_U + t \cdot B \\ &= 40 + 0.3 \times 10 = 43\text{억원} \end{aligned}$$

자본구조를 변경한 후의 1주당 가격은

$$\frac{\text{자본가치}}{\text{발행주식수}} = \frac{\text{43억원} - \text{10억원}}{\text{20만 주} - \text{5만 주}} = 22{,}000(\text{원})$$

그러나 이러한 풀이는 효율적 자본시장을 고려하지 않는 오류를 범하고 있다. 즉, 부채의 법인세 감세효과는 자본구조변경계획시점에서 즉시 기업가치에 반영되기 때문에 1주당 20,000원에 주식을 매입할 수 없는 것이다.

아래와 같이 재무상태표를 통해서 올바른 접근방법을 살펴보자.

현재 재무상태표

자 산 40억원	자 본 40억원
	(=20만 주×2만원)

그리고 조달부채로 주식매입을 통한 자본구조변경을 계획하는 시점의 *B/S*는 레버리지이득 $t \cdot B$가 반영되기 때문에 다음과 같다.

계획(발표)시점 재무상태표

자 산 40억원	자 본 43억원
레버리지이득 3억원	(=20만 주×21,500*)

$* \ \dfrac{43억원}{20만\ 주} = 21{,}500원$

즉, 실제 가나기업이 자기주식을 매입할 때에는 1주당 21,500원의 가격이 형성되어 있으므로 매입가능한 주식수는 다음과 같다.

$$\frac{10억원}{21{,}500} = 46{,}511.63(주)$$

그리고 자기주식매입으로 자본구조를 변경한 후 재무상태표는 다음과 같으므로 1주당 가격 21,500원은 변동이 없다.

자본구조변경 후 재무상태표

자 산 40억원	부 채 10억원
레버리지이득 3억원	자 본 33억원*

$* \ (200{,}000 - 46{,}511.63)주 \times 21{,}500$

09

부채사용투자안의 평가

Financial Management

우리는 제8장 자본구조이론에서 부채사용에 따른 자본비용과 기업가치의 변화를 공부하였다. 그런데 기업은 하나의 커다란 투자안으로 볼 수 있다. 따라서 제8장에서 배운 자본구조이론은 투자안의 경제성을 평가하는 데에 그대로 이용할 수 있다. 구체적으로 말하면 투자자금의 일부를 부채로 조달하는 경우의 투자안의 가치는 부채기업의 가치와 같은 것이므로 자본구조이론을 이용할 수 있다는 것이다. 제9장에서는 이처럼 자금일부를 부채로 조달하는 경우의 투자안을 평가하는 방법을 설명할 것이다. 대표적인 두 가지 평가방법으로 가중평균자본비용법과 조정현가법을 소개한다.

1 기초개념

1.1 자본구조이론의 이용

자본구조이론의 핵심적 내용은 부채사용이 가중평균자본비용에 어떻게 영향을 미치고 그 결과로 기업가치에는 어떤 영향을 주는가를 분석하는 것이다. 그런데 기업은 이미 여러 번 언급한 것처럼 그 수명이 무한한 투자안이라고 볼 수 있다. 그러므로 자본구조이론은 투자안의 가치를 산출하는 데에 이용할 수 있다. 왜냐하면 투자자금의 일부를 부채로 조달하는 경우 투자안의 가치는 부채를 사용하고 있는 기업의 가치와 똑같은 방법으로 산출할 수 있기 때문이다.

1.2 위험과 자본구조를 고려한 자본예산

이와 같은 이유로 여기에서 다루는 투자안의 경제성 평가방법도 제4장의 자본예산과 같은 것이라고 할 수 있다. 다만 다음과 같은 차이점이 있다. 제4장에서는 할인율(자본비용)이 주어진 상태에서 주어진 할인율을 이용하여 투자안의 순현가를 구하는 것이었다. 그러나 여기에서는 위험과 자본구조를 고려해서 할인율을 먼저 구한 후 이를 이용하여 투자안의 순현가를 구해야 한다는 점이다. 이처럼 위험과 자본구조를 고려해서 투자안을 평가하는 방법으로 재무이론에서 가장 많이 이용되는 가중평균자본비용법과 조정현가법, 두 가지를 설명하겠다.

가중평균자본비용법 2

가중평균자본비용을 구성하는 원천별 자본비용은 자기자본비용과 타인자본비용의 두 가지이다.

이 중 타인자본비용은 이자비용의 감세효과만을 고려하면 되기 때문에 산출과정이 간단하다. 그러나 자기자본비용은 경영위험과 재무위험 등 고려해야 할 요인이 많기 때문에 산출과정이 좀 더 복잡하다. 그래서 다음과 같이 자기자본비용의 산출과정에 좀 더 많은 설명이 필요하다.

2.1 경영위험과 자기자본비용

우리는 CAPM에서 다음과 같은 증권시장선을 통해서 자기자본비용을 구할 수 있다는 것을 배웠다.

$$E(R_i) = R_f + [E(R_m) - R_f] \cdot \beta_i \qquad \text{[식 9.1]}$$

위의 증권시장선에서 자기자본비용을 결정하는 유일한 변수는 베타(β)이다. 그런데 여기서 베타가 무부채상태의 값이면 여기에는 경영위험이 반영된 것이라고 한다. 경영위험(managerial risk)이란 업종의 특성과 고정설비투자에 따른 이익의 변동성을 말하는데 영업위험(operating risk)이라고도 한다.

만약 원양어업을 하는 회사가 슈퍼마켓의 경우보다 위험이 크다는 것은 업종의 특성을 고려한 말이다. 그리고 똑같이 원양어업을 해도 작은 선박을 갖고 있는 회사보다 큰 선박을 많이 갖고 있는 회사가 더 위험이 크다고 할 수 있는데 이는 고정설비투자에 따른 위험을 말하는 것이다.

여기까지의 내용은 모두 부채를 전혀 사용하지 않은 상태를 대상으로 하는 것인데 이렇게 경영위험만 반영된 무부채기업의 주식베타는 β_U로 표시한다. 그리고 β_U를 증권시장선에 대입하면 경영위험만 반영된 무부채기업의 자기자본비용이 산출되는데 이는 k_e^U로 표시한다.

2.2 재무위험과 자기자본비용

(1) 재무위험

앞서 제8장 자본구조이론에서 제시한 부채사용의 불리한 효과를 다시 한 번 떠올려보자. 부채가 늘어나면 주주들은 불안을 느껴서 주식을 팔려고 하고 이에 따라서 주가는 떨어진다고 하였다. 그런데 주가는 미래배당의 현재가치를 할인한 값이므로 주가하락은 곧 할인율(자기자본비용)의 상승을 의미한다고 하였다.

여기서 주주들이 느끼는 불안이란 주주들이 받는 이익의 변동성(위험)이 증가되는 것을 말한다. 이로 인해 주주의 요구수익률(자기자본비용)이 높아지고 결국 주가가 하락하는 것이다.

다음의 예제를 통해서 기업이 부채를 사용하면 순이익의 변동성이 더 크게 되는 것을 확인해보자.

예제 9-1

자산이 100억원인 가나기업이 있다. 영업이익이 불황이면 8억원, 호황이면 20억원이 될 것이다. 부채 60억원을 10% 이자율로 사용하는 경우 주주에게 귀속되는 이익을 구하여 무부채상태의 경우와 그 변동폭을 비교해보자.

풀이

무부채의 경우에는 영업이익이 곧 주주의 이익이 된다. 그리고 자산 100억원은 모두 주주가 투자한 것이므로 호황에서는 그 수익률이 불황에서는 8%(= 8/100), 호황에서는 20%(= 20/100)이다.

그러나 부채를 60억원 사용하는 경우라면 주주의 이익은 영업이익에서 이자 6억원(= 60×10%)을 차감하여야 하므로 다음과 같이 불황에서는 2억원, 호황에서는 14억원이 된다. 그런데 이때에 자산은 100억원, 부채는 60억원이므로 주주의 투자액은 40억원이다. 따라서 그 수익률은 불황에서는 5%(= 2/40), 호황에서 35%(= 14/40)이다.

	무부채상태		부채사용	
영업이익	8	20	8	20
지급이자	0	0	6	6
순이익	8	20	2	14
주주수익률	8%	20%	5%	35%

위의 내용을 보면 결국 부채를 사용하였기 때문에 이익률의 변동폭이 8～20%이던 것이 5～35%로 확대된 것을 알 수 있다. 이와 같이 부채사용으로 인해서 나타나는 손익확대효과를 재무위험(financial risk) 또는 재무레버리지효과(financial leverage effect)라고 한다.

(2) CAPM과 MM의 결합

그러면 재무위험이 반영된 자기자본비용은 어떻게 구할까? 앞서 공부한 MM의 수정이론을 생각해보자.

MM의 수정이론에서 법인세를 고려한 경우 부채수준을 반영한 자기자본비용은 다음의 식으로 산출한다고 하였다.

$$k_e^L = k_e^U + (k_e^U - k_d)(1 - t) \cdot \frac{B}{S} \qquad \text{[식 9.2]}$$

바로 위 식이 재무위험이 반영된 부채기업의 자기자본비용(k_e^L)을 구하는 식이다. 이 식을 보면 k_e^U를 이용해서 k_e^L을 구하고 있음을 알 수 있다.

그림 9.1
경영위험과 재무위험

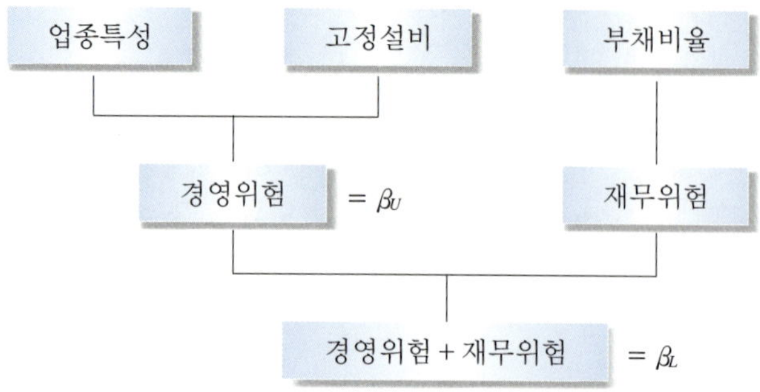

그러면 부채기업의 자기자본비용(k_e^L)을 MM이론 대신 증권시장선으로는 구할 수 없을까? 물론 구할 수 있다. 다만 증권시장선을 이용하려면 베타가 있어야 하므로 부채기업의 주식베타를 먼저 구해야 한다. 부채기업의 주식베타 β_L은 무부채기업의 주식베타 β_U로부터 구할 수 있다. 이를 확인하기 위해서 [식 9.2]의 k를 모두 CAPM을 이용해서 다음과 같이 나타내보자.

$$k_e^L = R_f + [E(R_m) - R_f] \cdot \beta_L \qquad \text{[식 9.3]}$$
$$k_e^U = R_f + [E(R_m) - R_f] \cdot \beta_U$$
$$k_d = R_f + [E(R_m) - R_f] \cdot \beta_d$$

그리고 이들을 [식 9.2]에 대입한 후 β_L을 중심으로 정리하면 다음 식을 얻을 수 있다.

$$\beta_L = \beta_U + (\beta_U - \beta_d)(1 - t)\frac{B}{S} \qquad \text{[식 9.4]}$$

바로 이 식이 부채비율에 따라서 주식베타가 어떻게 변화하는지를 나타내는 식이 된다. 즉, 어떤 기업의 부채비율을 이 식에 대입하면 그 기업의 주식베타가 산출되며 이렇게 산출된 베타를 증권시장선에 대입하면 부채기업의 자기자본비용이 산출된다. 이렇게 산출된 자기자본비용은 [식 9.2]의 MM식으로 구한 값과 똑같게 된다.

그런데 대체로 부채의 경우에는 이자와 원금이 확실하게 지급되는 부채(이를 무위험부채라고 한다)를 가정하는 경우가 많다. 이와 같은 가정에서는 부채의 베타, β_d가 0이 되는데 [식 9.4]에 $\beta_d = 0$을 대입하면 다음 식으로 바뀐다.

$$\begin{aligned}\beta_L &= \beta_U + \beta_U(1-t)\frac{B}{S} \\ &= \left[1 + (1-t)\frac{B}{S}\right]\beta_U \qquad \text{[식 9.5]}\end{aligned}$$

이 식은 기업이 무위험부채를 사용할 때에 부채수준에 따른 주식베타를 구하는 식이다. 흔히 이 식을 Hamada모형이라고 부른다.[1)]

예제 9-2

가나건설(주)은 백화점을 설립하여 유통업에 진출하려고 한다. 경영위험만 반영된 유통업의 체계적 위험 β_U는 0.8이고 무위험이자율은 10%, 시장수익률의 기대값은 13%이다.

(1) 가나건설(주)이 자기자본만으로 백화점을 설립한다고 할 때 자기자본비용은?

(2) 가나건설(주)이 백화점의 목표자본구조를 부채비율 100%로 계획하고 있다. 부채는 10%의 이자율로 조달할 것인데 이때의 자기자본비용은? 단, 법인세율은 30%라고 하자.

(3) MM의 명제를 이용해서 부채비율 100%에서의 자기자본비용을 구하여 (2)의 결과와 비교해보자.

---

1) 이 식은 무위험부채의 경우에만 이용할 수 있다. 그러면 무위험부채는 어떻게 식별할 수 있을까? 이자율수준으로 판단하면 된다. 즉, 부채의 이자율이 무위험이자율 수준과 같다면 무위험부채이므로 Hamada모형을 이용할 수 있다. 그러나 이자율이 무위험수준보다 높은 위험부채라면 [식 9.4]를 이용해야 할 것이다.

풀이 ▷

(1) 무위험이자율 10%, 시장수익률의 기대값이 13%이므로 증권시장선은 다음과 같다.

$$E(R_i) = R_f + [E(R_m) - R_f] \cdot \beta_i$$
$$= 0.1 + [0.13 - 0.1] \cdot \beta_U$$

위 식에 $\beta_U = 0.8$을 대입하면 무부채상태의 자기자본비용 k_e^U가 산출된다.

$$k_e^U = 0.1 + [0.13 - 0.1] \times 0.8 = 0.124 \ (12.4\%)$$

(2) 부채이자율이 무위험이자율 10%와 같으므로 무위험부채라고 할 수 있다. 따라서 $\beta_d = 0$ 이다. $\beta_U = 0.8$을 [식 9.4]에 함께 대입하거나 [식 9.5] Hamada모형을 이용하면 재무위험까지 반영된 β_L을 다음과 같이 구할 수 있다.

$$\beta_L = [1 + (1-t)\frac{B}{S}] \times \beta_U$$
$$= [1 + (1 - 0.3) \times 1] \times 0.8 = 1.36$$

이렇게 구한 부채주식베타를 증권시장선에 대입하면 부채상태의 자기자본비용 k_e^L을 구할 수 있다.

$$k_e^L = 0.1 + [0.13 - 0.1] \times 1.36 = 0.1408 \ (14.08\%)$$

(3) MM의 수정이론에서 부채기업의 자기자본비용을 구하는 다음 식을 이용한다.

$$k_e^L = k_e^U + (k_e^U - k_d)(1-t) \cdot \frac{B}{S}$$
$$= 0.124 + (0.124 - 0.1)(1 - 0.3) \times 1 = 0.1408 \ (14.08\%)$$

이 값은 (2)에서와 같이 베타를 조정해서 증권시장선에 대입해서 구한 자기자본비용과 똑같다.

이들의 관계를 그림으로 나타내면 다음과 같다.

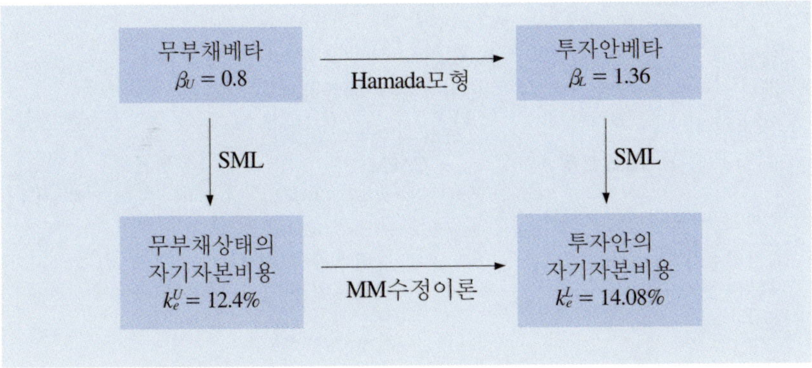

2.3 투자안의 평가방법

(1) 자본비용과 현금흐름

부채를 사용한 투자안을 평가할 때에는 앞서와 같이 자기자본비용을 먼저 구한다. 그리고 이자비용의 감세효과를 고려한 타인자본비용과 결합하여 가중평균자본비용을 산출하여 할인율로 이용해야 한다. 즉, 다음과 같이 가중평균자본비용을 산출한다.

$$k_0 = k_i \times \left(\frac{B}{B+S}\right) + k_e^L \times \left(\frac{S}{B+S}\right) \qquad \text{[식 9.6]}$$

이렇게 산출한 가중평균자본비용은 MM의 수정이론에서 제시된 다음의 가중평균자본비용 산출식을 통해서 구한 값과 같은 것이다.

$$k_0^L = k_0^U\left(1 - t \cdot \frac{B}{V}\right) \qquad \text{[식 9.7]}$$

위와 같이 WACC를 산출하고 이를 이용해서 할인해야 할 현금흐름은 무엇일까? 바로 투자안으로부터 유입될 영업현금흐름이다. 이는 무부채상태의 현금흐름을 말한다고 하였다. 즉, 실제로는 부채를 조달해서 투자자금을 마련했지만 분자의 현금흐름은 무부채상태를 가정한 현금흐름을 사용하는 것이다. 부채사용에 따른 이자비용의 감세효과

그림 9.2

WACC법의 적용과정(1)

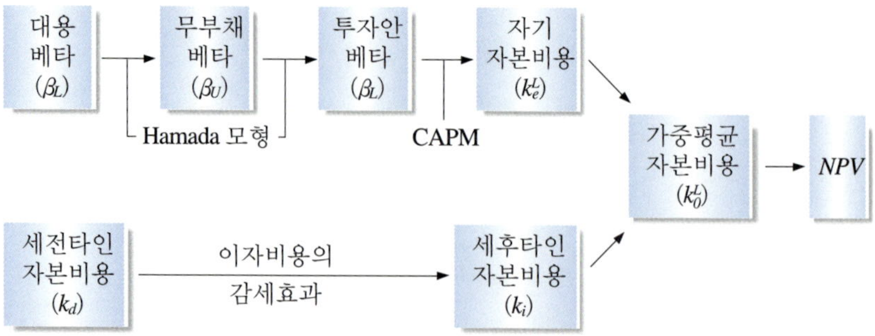

는 WACC에 반영되었기 때문이다. 이렇게 현재가치를 구하면 투자안의 균형가치가 산출된다.

그리고 투자안의 균형가치에서 투자비용을 차감하면 투자안의 NPV가 되며 이 값이 양(+)의 값을 가지면 투자안의 경제성이 있다고 본다.

(2) 가중평균자본비용법의 적용과정

부채사용투자안을 평가하기 위해서 가중평균자본비용법을 적용하는 순서를 정리해보자. 이해를 쉽게 하기 위해서 [예제 9.2]에서와 같이 건설회사가 백화점을 설립하는 투자안을 검토한다고 가정하자.

우선 건설회사는 백화점과 경영위험이 다르므로 백화점평가에서 건설회사의 자본비용은 사용할 수 없으므로 이는 생각하지 말자.

먼저 Hamada모형을 이용하는 방법을 단계별로 정리하면 다음과 같다. (그림 9.2 참조)

① 새로운 투자안인 백화점설립과 동일한 경영위험을 갖는 기존 백화점의 베타를 구한다. 이때의 기존 백화점을 대용기업(proxy company)이라고 하고, 기존 백화점의 베타를 대용베타(proxy beta)라고 한다.

② 이때에 기존 백화점이 부채를 사용하고 있다면 이 베타는 기존 백

그림 9.3
WACC법의 적용과정(2)

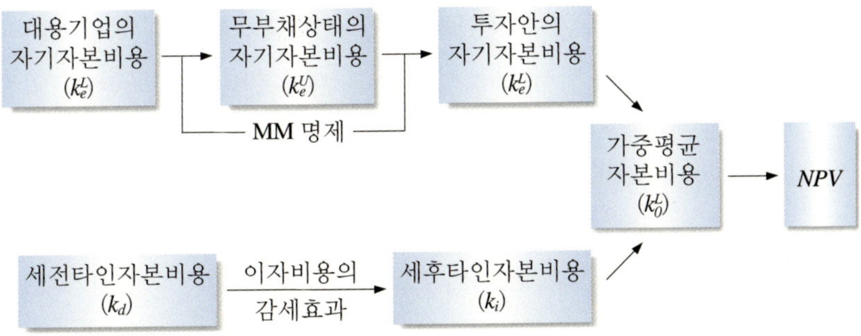

화점의 재무위험을 포함하고 있는 것이다. 따라서 Hamada모형을 이용해서 무부채상태의 베타(경영위험만 반영된 베타)로 바꾼다.

③ 그리고 계획하고 있는 목표부채비율을 고려해서 부채상태의 주식베타를 구하면 이 값이 투자안의 베타가 된다. 이때에도 역시 Hamada모형이 이용된다.

④ 이 베타를 CAPM에 대입하면 부채사용투자안의 자기자본비용을 구할 수 있다.

⑤ 세전타인자본비용에 이자비용의 감세효과를 고려해서 세후타인자본비용을 구한다.

⑥ 자기자본비용과 세후타인자본비용을 이용해서 가중평균자본비용을 구한다.

⑦ 가중평균자본비용으로 현금흐름을 할인하여 NPV를 산출해서 평가결과를 내린다.

이번에는 MM명제를 이용해서 가중평균자본비용법을 적용하는 과정을 단계별로 정리해보자. (그림 9.3 참조)

① 기존 백화점의 주식수익률을 자기자본비용으로 이용할 수 있는데 이 백화점이 부채를 사용하고 있다면 이는 대용기업의 자기자본비용이 된다.

② MM명제를 이용해서 대용기업의 자기자본비용으로부터 무부채

자기자본비용을 구한다.

③ 백화점을 설립하면서 계획하고 있는 목표부채비율을 반영하여 MM명제를 이용해서 부채상태의 자기자본비용을 구한다. 이것이 투자안의 자기자본비용이 된다.

④ 세전타인자본비용에 이자비용의 감세효과를 고려해서 세후타인자본비용을 구한다.

⑤ 자기자본비용과 세후타인자본비용을 이용해서 가중평균자본비용을 구한다.

⑥ 가중평균자본비용으로 현금흐름을 할인하여 NPV를 산출해서 평가결과를 내린다.

이 두 가지 방법을 비교해보자. 첫 번째 방법은 Hamada모형을 이용해서 구한 베타를 증권시장선에 대입하여 자기자본비용을 구하는 것이고, 두 번째 방법은 MM명제를 이용해서 직접 자기자본비용을 구하는 것이다. 어느 방법을 이용해도 괜찮다. 그런데 첫 번째 방법을 이용하려면 조달하는 부채가 무위험부채이어야 한다. 그러나 두 번째 방법은 위험부채나 무위험부채나 모두 적용할 수 있으며 적용절차도 더 간단하다. 특히 두 번째 방법에서는 $k_e^U = k_0^U$ 이므로 무부채자기자본비용(②단계)을 이용하여 [식 9.7]을 적용하면 목표부채비율을 반영한 가중평균자본비용(⑤단계)을 직접 구할 수 있어서 첫 번째 방법보다 편리하다.

예제 9-3

앞의 [예제 9.2]에서 가나건설(주)이 백화점을 설립하는데 600억원의 투자비용이 소요된다. 그리고 설립된 백화점으로부터 매년 70억원의 영업현금흐름이 유입된다고 하자.

(1) 투자안을 평가하기 위한 가중평균자본비용은?

(2) 이 투자안의 균형가치를 구하고 NPV를 산출해서 투자여부를 결정하라.

풀이

(1) 부채비율 100%에서의 자기자본비용은 [예제 9.2]에서 구한 것과 같이 14.08%이다. 그리고 이자비용의 감세효과를 고려한 세후타인자본비용 k_i은 다음과 같다.

$$k_i = k_d(1 - t)$$
$$= 0.1 \times (1 - 0.3) = 0.07\ (7\%)$$

따라서 가중평균자본비용은 다음과 같다.

$$k_0 = 14.08 \times \frac{1}{2} + 7 \times \frac{1}{2} = 10.54\%$$

가중평균자본비용을 이번에는 앞서 설명한대로 MM명제를 이용해서 무부채자기자본비용으로부터 직접 구해보자. 무부채자기자본비용 k_e^U가 12.4%이므로 가중평균자본비용 k_0^L은 [식 9.7]을 이용해서 다음과 같이 구할 수도 있다.

$$k_0^L = k_0^U\left(1 - t \cdot \frac{B}{V}\right)$$
$$= 0.124 \times \left(1 - 0.3 \times \frac{1}{2}\right) = 0.1054\ (10.54\%)$$

(2) 투자안의 균형가치에서 투자비용을 차감한 NPV는 다음과 같이 양(+)의 값을 가지므로 백화점을 설립한다.

$$NPV = \frac{70}{0.1054} - 600 = 64(\text{억원})$$

3 조정현가법

3.1 MM과 조정현가법

우리는 MM의 수정이론에서 부채를 사용하면 현금흐름이 무부채 상태의 현금흐름보다 이자비용의 감세효과만큼 더 많게 된다는 것을 확인하였다. 그래서 부채기업의 가치는 무부채기업의 가치보다 이자비용감세효과의 현재가치만큼 더 크게 되어 다음 식이 성립하는 것을 보았다.

$$V_L = V_U + B \cdot t \qquad \text{[식 9.8]}$$

그런데 기업가치와 투자안가치 모두 평가방법은 동일한 구조를 갖는다고 하였다. 따라서 위 식을 부채사용투자안의 가치를 평가한 식으로 볼 수 있다. 이제 위 식의 양변에서 투자비용 C_0를 차감해보자. 그러면 다음과 같게 될 것이다.

$$V_L - C_0 = (V_U - C_0) + B \cdot t \qquad \text{[식 9.9]}$$

이 식은 투자안의 NPV를 나타내는 것이다. 그런데 여기서 우변의 괄호 안은 부채를 사용하지 않고 자기자본만으로 투자한 경우의 NPV가 되는데 이를 기본 NPV(base case NPV)라고 한다. 그리고 우변의 $B \cdot t$는 이자비용의 감세효과를 현재가치로 계산한 값으로서 부채를 사용하기 때문에 생긴 것이다.

이는 결국 무부채투자안의 NPV에다가 부채를 사용하면서 얻게 되는 효과를 현재가치로 계산해서 더하면 부채사용투자안의 NPV가 된다는 것이다. 이렇게 구한 값을 조정현가(APV : adjusted present value)라고 부른다. 이는 결국 WACC법의 NPV와 똑같은 것이기 때문에 이 역시 투자안의 채택여부를 판단하는 기준으로 사용된다.

이와 같은 평가방법을 조정현가법이라고 하는데 이는 보다시피 MM의 수정이론을 이용한 평가방법이라고 할 수 있다.

3.2 APV법의 이용

조정현가는 앞의 식에서 보듯이 무부채투자안의 NPV와 부채사용효과로 구성된다.

$$APV = 기본\ NPV + 부채사용효과 \qquad [식\ 9.10]$$

그런데 기본 NPV는 부채를 사용하지 않고 자기자본만으로 투자안을 수행했을 경우의 NPV라고 하였으므로 다음과 같이 구한다.

$$기본\ NPV = \sum_{t=1}^{n} \frac{C_t}{(1+k)^t} - C_0 \qquad [식\ 9.11]$$

여기서 분모의 현금흐름은 무부채상태의 영업현금흐름이 되고, 분자의 할인율은 경영위험만을 반영하고 있는 자기자본비용이 된다.

그리고 실제로 부채를 사용하면서 얻게 되는 효과는 별도로 구해서 기본 NPV에 더해준다. 부채사용효과 중 대표적인 것은 이자비용의 감세효과이다. 그러나 실제로는 이외에도 부채조달비용의 발생과 이의 비용처리에 따른 감세효과도 있을 수 있고, 보조금의 지급이나 장기저리조건의 차입 등과 같은 특혜금융효과도 있을 수 있다. 이러한 여러 가지 효과들을 모두 WACC에 반영하여 산출한다는 것은 거의 불가능하다. 따라서 그 효과에 해당하는 현금흐름들은 개별적으로 구하고 부채의 이자율로 현재가치를 산출하여 이를 기본 NPV에 더해서 조정현가를 구하는 것이다.

예제 9-4

다음에서 제시되는 조건 이외에는 모두 앞의 [예제 9.2], [예제 9.3]과 동일하다.

(1) 만약 가나건설(주)이 투자자금을 모두 자기자본으로 조달해야 한다면 백화점을 설립하는 것이 좋을까?

(2) 백화점의 목표부채비율을 100%로 한다는 것은 투자비용 중 얼마를 부채로 조달한다는 것인가?

(3) (2)와 같이 투자자금을 조달하는 경우에 APV법을 이용해서 투자여부를 판단하라.

풀이

(1) 투자자금을 모두 자기자본으로 조달할 때의 NPV(= 기본순현가)를 구해서 판단한다. 이때의 할인율은 무부채자기자본비용 k_e^U인 12.4%이다.

$$base\ case\ NPV = \frac{70}{0.124} - 600 = -35.5(\text{억원})$$

$NPV < 0$ 이므로 투자자금을 모두 자기자본으로 조달해야 한다면 백화점을 설립하지 않는다.

(2) 부채를 조달하여 백화점을 설립하면 그 가치는 [예제 9.3]의 (3)에서 구했듯이 균형가치인 664억원이 된다.

$$V = \frac{70}{0.1054} = 664(\text{억원})$$

그런데 부채비율 $\frac{B}{S}$ = 100%가 되려면 기업가치 중 50%인 332억원이 부채이어야 한다. 즉, 투자자금 600억원 중 332억원을 부채로 조달해야 한다. 그리고 나머지 268억원은 자기자본으로 조달한다. 그러면 자기자본 총액은 NPV까지 포함하여 332억원(= 268 + 64)이 되는데 이는 부채 332억원과 같으므로 부채비율은 100%가 된다.

(3) 여기서 부채사용효과는 이자비용의 감세효과뿐이므로 MM의 수정이론을 이용하여 다음과 같이 구할 수 있다.

$$t \cdot B = 0.3 \times 332 = 99.6(\text{억원})$$

따라서 조정현가 APV는 다음과 같이 구할 수 있다.

$$APV = base\ case\ NPV + t \cdot B$$
$$= -35.5 + 99.6 = 64.1$$

이렇게 구한 APV는 WACC법에서의 NPV와 똑같은 값이다(단수차이는 무시). $APV > 0$ 이므로 백화점을 설립한다.

WACC법과 APV법의 비교 4

4.1 평가방법의 비교

WACC법과 APV법의 특징을 간략하게 비교해보자. WACC법은 현금흐름을 무부채상태를 기준으로 영업현금흐름을 측정한다. 그리고 부채사용에 따른 이자비용의 감세효과는 할인율에 반영하는 방법이다. 이 방법은 투자안의 평가, 증권의 평가, 기업가치의 평가 등 재무관리 전반에 걸쳐서 가장 많이 이용되고 있다.

APV법은 현금흐름을 우선 실제현금흐름으로 측정하고 이를 구성하는 개별현금흐름들을 그 성격별로 구분한다. 그 중 자기자본만으로 투자자금을 조달한 경우의 현금흐름의 현재가치를 먼저 구한다. 그리고 여기에 부채사용에 따라 추가적으로 발생하는 현금흐름을 부채의 이자율로 할인하여 현재가치를 따로 계산해서 더하는 방법이다. 그 기본적인 구조는 MM의 수정이론과 같다고 보면 된다.

4.2 평가방법의 선택

투자안을 평가하면서 WACC법이나 APV법 중 어느 것을 적용해도 그 평가결과는 똑같다. 앞의 [예제 9.3]와 [예제 9.4]에서 가나건설(주)이 백화점 설립안을 평가한 결과를 비교해보면 쉽게 확인할 수 있다.

그러면 현실적으로 투자안을 평가하면서 WACC법과 APV법 중 어느 방법을 선택하는 것이 좋을까? 결론부터 말해서 부채비율을 알고 있을 때에는 WACC법을, 부채금액을 알고 있을 때에는 APV법을 적용하는 것이 편리하다.

잘 살펴보면 WACC법에서 베타나 자본비용을 구할 때에는 부채비율 $\left(\frac{B}{S}\right)$이 사용되는 것을 알 수 있을 것이다. 따라서 WACC법은 투자안의 부채비율이 자주 바뀌지 않고 투자수명 동안 일정하게 유지된다고 할 때에 이용하기에 적합한 방법이다. 한편 APV법을 살펴보면 투자안의 가치를 구하는 과정에서 부채금액(B)이 사용되는 것을 알 수 있다. 따라서 투자수명 동안 사용할 부채금액이 파악되는 경우에는 APV법을 이용하는 것이 편리하다.

제9장 | 부채사용투자안의 평가

요약

1. WACC법은 투자안의 영업현금흐름을 가중평균자본비용으로 할인하여 투자안의 가치와 NPV를 구하는 것으로 가장 많이 사용되는 방법이다.

2. 타인자본비용은 이자비용의 감세효과만을 고려하면 되기 때문에 산출과정이 단순하지만 자기자본비용은 경영위험과 재무위험을 고려해야 하기 때문에 좀 더 복잡하다.

3. 무부채상태의 주식베타 B_U는 경영위험만 반영한 것인데 이를 증권시장선에 대입하면 경영위험만 반영된 자기자본비용 k_e^U을 구할 수 있다.

4. 부채를 사용하면 재무위험이 추가되는데 이를 반영한 베타 B_L는 무부채상태의 베타보다 더 큰 값을 갖는다. Hamada모형으로 부채비율에 알맞은 베타를 구할 수 있고, 이렇게 구한 베타를 증권시장선에 대입하면 재무위험까지 반영된 자기자본비용 k_e^L이 산출된다.

5. MM의 수정이론을 이용하면 재무위험까지 반영된 자기자본비용 k_e^L을 경영위험만 반영된 자기자본비용 k_e^U로부터 직접 구할 수 있다.

6. APV법은 MM의 수정이론을 이용한 것으로서 기본 NPV에 부채사용효과를 더한 값으로 투자안의 NPV를 구하는 방법이다.

7. 부채비율이 주어진 경우에는 WACC법을, 부채금액이 주어진 경우에는 APV법을 이용하는 것이 좋다.

종합예제

가나기업은 매년 500,000원씩 현금수익이 유입되는 투자안을 놓고 투자 여부를 고려 중이다. 이 투자안의 수명은 영구히 계속되며 현금유입액의 72%가 현금유출되는 영업비용으로 예측된다. 그리고 이 투자안을 수행하는 데에는 초기에 475,000원이 소요된다. 무부채상태에서 이 투자안에 적용될 자기자본비용은 20%이다. 현재 가나기업의 레버리지(B/V)는 40%이지만 이 투자안의 목표자본구조는 25%가 되도록 할 계획이다. 부채의 자본비용은 10%로서 위험이 없다. 법인세율 34%에서 MM의 이론이 성립된다고 가정하여 다음 각 물음에 답하라.

(1) 조정현가법(APV method)을 적용하여 위 투자안의 투자 여부를 결정할 때
   1) 기본순현재가치(base case NPV)를 산출하라.
   2) 목표자본구조를 달성하기 위해 가나기업이 조달해야 할 부채금액을 산출하고 이에 따른 조정현재가치(APV)를 계산하여 투자 여부를 판단하라.

(2) 가중평균자본비용법(WACC method)을 적용해서 위 투자안의 투자 여부를 결정할 때
   1) 가중평균자본비용(WACC)을 산출하라.
   2) 순현재가치를 구하여 투자 여부를 판단하라.

풀이

(1) 조정현가법

1) 기본순현재가치(base case NPV)란 투자소요자금을 모두 자기자본으로 조달하였을 경우의 NPV를 말한다.

① 먼저 매년 현금흐름을 손익계산서(I/S)를 작성하여 측정하면 다음과 같이 산출된다.

손익계산서	
매 출	500,000
영업비용	360,000 (← 500,000 × 72%)
영업이익	140,000
법인세	47,600 (← 140,000 × 34%)
세후이익	92,400 (UCF : unlevered cash flow)

② 그리고 이때 적용할 할인율은 무부채상태의 자기자본비용 k_e^U = 20%이다. 따라서 기본순현가는 다음과 같이 산출된다.

$$\text{base case } NPV = \frac{92{,}400}{20\%} - 475{,}000 = -13{,}000$$

2) 부채조달금액을 475,000 × 25% = 118,750으로 생각하기 쉬운데 이는 투자소요액의 25%를 부채로 조달한다는 의미이므로 문제에서 요구하는 목표자본구조 25%와는 다른 것이다. 목표자본구조 25%는 투자 후 레버리지를 의미하므로 투자안의 NPV 및 부채사용효과(이자비용 감세효과의 현재가치)까지 감안하여야 한다.
그런데 이 투자안의 현금흐름은 영속적이므로 다음이 성립한다.

$$APV = \text{base case } NPV + t \cdot B$$
$$APV = -13{,}000 + 0.34 \times (0.25V)$$

그리고 기업가치는 다음과 같다.

$$V = 475{,}000 + APV$$

위의 두 식을 풀면 다음을 구할 수 있다.

$$APV = 29{,}918 \quad V = 504{,}918$$

따라서 부채조달금액은 다음과 같다.

$$504{,}918 \times 25\% = 126{,}229.5$$

위에서 APV > 0이므로 투자안을 수행한다.

【 별해 】 이 투자안의 경우 투자수명이 무한하므로 계속기업으로 보고 MM(1963)의 자본구조이론을 적용해도 된다.

$$V_L = V_U + t \cdot B$$

에서 $V_U = \dfrac{92,400}{0.2} = 462,000$ 이므로 다음 식이 성립한다.

$$V_L = 462,000 + 0.34 \times B$$

$$\frac{B}{V_L} = 0.25$$

위의 두 식을 풀면 $V_L = 504,918 \quad B = 126,229$가 된다.

따라서 APV는 다음과 같다.

$$\begin{aligned} APV &= \text{base case } NPV + t \cdot B \\ &= -13,000 + 0.34 \times 126,229 = 29,918 \end{aligned}$$

(2) 가중평균자본비용법

1) WACC의 산출

$$\begin{aligned} k_0^L &= \frac{S}{V} k_e^L + \frac{B}{V} k_d (1-t) \\ &= \frac{3}{4} \times 0.222 + \frac{1}{4} \times 0.1(1-0.34) = 0.183(18.3\%) \end{aligned}$$

이는 다음과 같이 구해도 된다.

$$\begin{aligned} k_0^L &= k_0^U \left(1 - t \times \frac{B}{V}\right) \\ &= 0.2 \times \left(1 - 0.34 \times \frac{1}{4}\right) = 0.183 \ (18.3\%) \end{aligned}$$

2) NPV 산출

WACC로 할인할 때 할인대상이 되는 현금흐름은 투자자금을 모두 자기자본으로 조달했다고 가정한 현금흐름(UCF: unlevered cash flow)이므로 NPV는 다음과 같다.

$$\begin{aligned} NPV &= \sum_{t=1}^{\infty} \frac{UCF_t}{(1+k_e^L)^t} - C_0 \\ &= \frac{92,400}{0.183} - 475,000 = 29,918 \end{aligned}$$

제4부

파생금융상품

Financial Management

10

옵 션

Financial Management

옵션이란 미래의 상황이 유리하면 권리를 행사하고 불리하면 행사하지 않아도 되는 증권을 말한다. 현실적으로 미래가 불확실하므로 이러한 옵션은 매우 유용하게 사용될 수 있다. 최근에 소개되는 금융상품들 중에는 이러한 옵션을 포함하고 있는 것들이 많다. 뿐만 아니라 옵션을 이용하면 재무현상의 많은 부분을 명쾌하게 설명할 수도 있다. 이 장에서는 옵션에 대한 기본적 개념과 옵션의 투자효과를 먼저 설명한다. 그리고 옵션의 균형가격을 산출할 수 있는 옵션가격결정모형(OPM)을 소개할 것이다.

1 기초개념

1.1 옵션이란?

옵션(option)이란 용어는 선택할 수 있다는 뜻을 갖는다. 예를 들어, 자동차를 살 때에 '에어백은 옵션입니다' 라는 표현을 볼 수 있는데 이는 에어백을 원하면 장착할 수 있다는 것이다. 물론 원치 않으면 장착하지 않아도 되므로 의무는 없는 것이다.

재무관리에서 말하는 옵션도 이러한 의미를 갖는다. 즉, 특정한 주식을 미래의 일정시점에 가서 미리 정해진 가격으로 살 수 있는 권리라고 생각하면 된다.

1.2 관련용어와 기호

(1) 관련용어

처음 옵션을 공부할 때에는 용어가 다소 생소하게 느껴진다. 다음과 같은 예를 들어서 옵션과 관련된 용어를 쉽게 이해하도록 하자.

> 현재 가나기업의 주식가격은 40만원이다. 그런데 이 주식을 1년 후에 50만원에 살 수 있는 옵션이 시장에서 3만원에 거래되고 있다.

여기서 가나기업주식은 나중에 옵션을 행사해서 취득할 수 있는 주식인데 이를 기초자산(underlying asset), 또는 기초주식(underlying stock)이라고 한다. 옵션은 이처럼 기초자산을 근거로 만들어진 것이기 때문에 파생금융상품이라고 부르는 것이다.

그리고 1년 후는 옵션을 행사할 수 있는 시점으로서 옵션의 만기(expiration date)라고 하며 주식을 살 수 있는 가격 50만원은 행사가격

(exercise price)이라고 한다.

비록 가나기업의 현재주가가 40만원으로 행사가격 50만원보다 낮지만 1년 후에 가서는 주가가 50만원을 넘을 수도 있다. 따라서 이러한 옵션은 경제적 가치가 있는 것이다. 경제적 가치가 있는 만큼 옵션도 일정한 가격을 지불하고 구입해야 할 것이다. 이 옵션이 시장에서 3만원에 거래된다고 하였는데 이 3만원이 바로 옵션가격이다.

(2) 기호설명

위와 같은 용어와 관련해서 앞으로 다음과 같은 기호들이 많이 사용될 것이다. 그 의미를 명확하게 알아야 앞으로 설명할 내용을 이해하기 쉽다.

t : 옵션의 만기로서 위 예에서는 1년이다.

S_0 : 현재시점에서의 주식가격으로서 위 예에서는 40만원이다.

S_t : 옵션의 만기시점에서 주식가격인데 위 예에서는 주어지지 않았기 때문에 알 수 없다.

X : 옵션의 행사가격으로서 위 예에서는 50만원이다.

C_0 : 현재시점에서의 옵션가격으로서 위 예에서는 3만원이다.

C_t : 만기시점에서의 옵션가치인데 위 예에서는 알 수 없다. 만기주가(S_t)를 알아야 산출할 수 있다.

1.3 옵션의 종류

앞에서 예를 든 것과 같이 일정한 가격에 기초자산을 살 수 있는 옵션은 콜옵션(call option)이라고 한다. 이와는 반대로 기초자산을 일정한 가격에 팔 수 있는 옵션도 있는데 이는 풋옵션(put option)이라고 한다.

그리고 위의 예에서와 같이 만기시점인 1년 후에만 권리를 행사할 수 있는 옵션은 유럽형 옵션(european option)이라고 한다. 이와는 달리 만기가 되기 이전이라도 아무 때나 권리를 행사할 수 있는 옵션은 미

표 10.1
콜옵션의 만기가치

만기주식가격(S_t)	30	40	50	60	70
만기옵션가치(C_t)	0	0	0	10	20
만기손익	−3	−3	−3	7	17

국형 옵션(american option)이라고 한다. 미국형 옵션이 유럽형 옵션보다 복잡하지만 그 기본적 구조는 동일하므로 여기서는 유럽형 옵션을 다룰 것이다.

2 옵션의 만기가치

2.1 콜옵션의 만기가치

앞서 예로 든 콜옵션이 1년 후에 가면 얼마의 가치를 갖게 되는가를 살펴보자. 만기주가, 즉 1년 후에 가서 가나기업의 주식가격이 현재와 마찬가지로 40만원이라고 하자. 만약 이때 옵션을 행사한다면 시장에서 40만원에 살 수 있는 주식을 50만원 주고 사는 것이므로 10만원만큼 손실이 된다. 그런데 이렇게 만기주가가 행사가격보다 낮은 수준이면 옵션을 행사하지 않을 것이다. 따라서 이때에 콜옵션은 아무런 경제적 가치가 없으므로 그 가치는 0이 된다.

콜옵션행사로 이익이 생기는 것은 만기주가가 행사가격을 넘으면서부터이다. 만기주가가 60만원이면 10만원(= 60 − 50)만큼, 만기주가가 70만원이면 20만원(= 70 − 50)만큼 이익이 될 것이다. 만기주가수준(S_t)에 대응해서 콜옵션의 만기가치(C_t)를 표로 함께 나타내면 〈표 10.1〉의 두 번째 줄에 해당된다.

그림 10.1
콜옵션의 만기가치

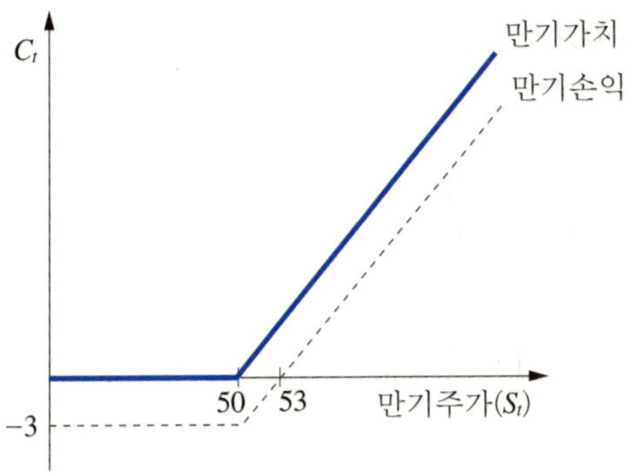

그러면 이러한 콜옵션을 산 사람의 만기손익은 어떻게 될까? 앞서 설명하였듯이 옵션은 경제적 가치가 있는 것이므로 콜옵션의 현재가격(C_0), 3만원을 지불하고 사야 한다. 그리고 옵션은 만기가 되면 그 권리가 없어지므로 이러한 옵션을 산 사람의 만기손익을 계산할 때에는 콜옵션의 만기가치에서 옵션가격까지 빼야 한다. 이러한 만기손익은 앞의 〈표 10.1〉의 세 번째 줄에 나타나 있다.

지금까지의 내용을 그림으로 나타내면 [그림 10.1]과 같다. 우선 콜옵션의 만기가치를 만기의 주가수준에 대응해서 나타내면 [그림 10.1]의 실선으로 표시된다. 그리고 이러한 콜옵션을 산 사람의 만기손익은 옵션가격만큼을 빼야 하므로 그림의 점선으로 나타난다.

이번에는 위 내용에서 확인된 콜옵션의 만기가치(C_t)를 수식으로 나타내보자. 콜옵션의 만기가치는 만기주가(S_t)가 행사가격(X)보다 낮으면 0이고 만기주가가 행사가격보다 높으면 만기주가에서 행사가격을 차감한 값이 되는 것을 알 수 있다. 이를 수식으로 다음과 같이 표현할 수 있다.

만기주가(S_t) $\leq$ 행사가격(X) 이면	$C_t = 0$
만기주가(S_t) $>$ 행사가격(X) 이면	$C_t = S_t - X$

표 10.2
풋옵션의 만기가치

만기주식가격(S_t)	30	40	50	60	70
만기옵션가치(P_t)	20	10	0	0	0
만기손익	18	8	−2	−2	−2

그리고 이를 간단하게 다음과 같은 식으로 나타낸다.

$$C_t = \max[0, S_t - X] \qquad \text{[식 10.1]}$$

2.2 풋옵션의 만기가치

만기에 가서 기초주식을 미리 정해진 가격에 팔 수 있는 옵션은 풋옵션이라고 하였다. 이번에는 앞서의 콜옵션과 똑같은 조건을 갖는 풋옵션을 생각해보자. 즉, 1년 후 가나기업주식을 50만원에 팔 수 있는 옵션이다. 이러한 풋옵션이라면 만기에 가서 그 가치가 얼마가 되는지를 살펴보자.

먼저 만기주가, 즉 1년 후 가나기업주가가 40만원이라고 하자. 이때 풋옵션을 행사한다면 40만원짜리 주식을 50만원에 파는 것이므로 10만원(= 50 − 40)만큼 이익이 된다. 이번에는 만기주가가 60만원이라고 해보자. 이때 풋옵션을 행사하면 60만원짜리 주식을 50만원에 파는 것이므로 10만원(= 50 − 60)만큼 손실이 된다. 따라서 만기주가가 행사가격보다 높다면 옵션을 행사하지 않을 것이고 따라서 이때에 풋옵션의 가치는 0이 된다.

풋옵션행사로 이익이 생기는 것은 만기주가가 행사가격보다 낮은 수준에서이다. 그리고 만기주가가 낮으면 낮을수록 풋옵션을 행사하여 얻게 되는 이익은 커진다. 만기주가수준(S_t)과 이에 따른 풋옵션의 만기가치(P_t)를 대응해서 표로 나타내면 위의 〈표 10.2〉의 두 번째 줄

그림 10.2
풋옵션의 만기가치

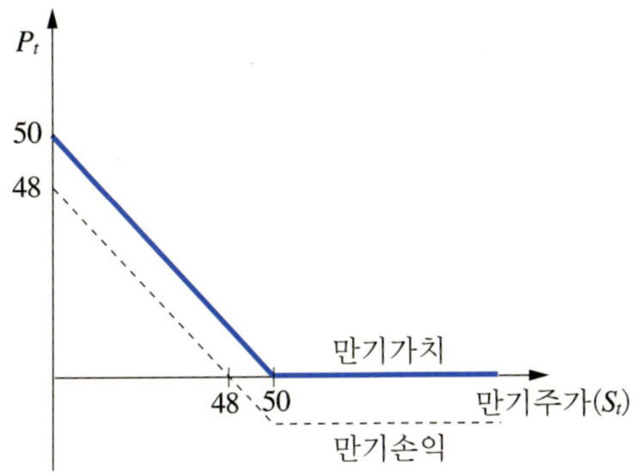

과 같다.

이번에는 풋옵션을 산 사람의 만기손익을 생각해보자. 풋옵션도 대가를 지불하고 구입해야 하고 만기가 되면 그 권리가 소멸된다. 위의 풋옵션의 가격(P_0)이 2만원이라고 하자. 그러면 풋옵션을 산 사람의 만기손익은 풋옵션의 만기가치에서 구입가격만큼 빼야 하므로 〈표 10.2〉의 세 번째 줄과 같이 된다.

지금까지의 내용을 그림으로 나타내면 [그림 10.2]와 같다. 우선 풋옵션의 만기가치를 만기의 주가수준에 대응해서 나타내면 [그림 10.2]의 실선으로 표시된다. 그리고 이러한 풋옵션을 산 사람의 만기손익은 옵션가격만큼을 빼야 하므로 그림의 점선으로 나타난다.

이번에도 위의 내용을 반영하여 풋옵션의 만기가치(P_t)를 수식으로 나타내보자.

만기주가(S_t) $\leq$ 행사가격(X) 이면 $\quad P_t = X - S_t$

만기주가(S_t) $>$ 행사가격(X) 이면 $\quad P_t = 0$

이를 간단하게 다음과 같은 식으로 표현한다.

$$P_t = \max[0, X - S_t] \qquad [식\ 10.2]$$

[그림 10.1]과 [그림 10.2]를 비교해보면 콜옵션은 만기주가가 높을수록 그 가치가 커지고 풋옵션은 만기주가가 낮을수록 그 가치가 커진다는 것을 알 수 있다. 따라서 콜옵션을 산 투자자는 주가가 상승하면 이익을 얻고 풋옵션을 산 투자자는 주가가 떨어질 때 이익을 얻게 된다.

3 옵션의 투자효과

3.1 레버리지효과

옵션에 투자하면 어떤 효과가 있을까? 기초주식에만 투자하는 경우와 비교해보자. 옵션에 투자하면 기초주식에 투자하는 것보다 미래에 이익이 발생할 경우에는 이익폭이 훨씬 더 커지고 미래에 손실이 발생할 경우에는 손실폭이 훨씬 더 커지는 효과가 있다. 이러한 옵션의 손익확대효과를 레버리지효과(leverage effect)라고 한다.

다음의 예제로 옵션의 레버리지효과를 확인해보자.

예제 10-1

이번에는 가나기업의 현재주가가 50만원이라고 하자. 그리고 이에 대한 콜옵션(만기 1년, 행사가격 50만원)의 가격은 4만원이라고 하자.

(1) 1년 후 가나기업주가가 60만원으로 상승한 경우 주식을 산 사람과 콜옵션을 산 사람의 투자성과를 비교하라.

(2) 만약 1년 후 주가가 49만원으로 하락하였다면 (1)의 결과는?

풀이

(1) 가나기업주식을 산 사람은 주가상승으로 10만원(= 60 − 50)의 이익을 얻었고 따라서 수익률은 다음과 같이 20%이다.

$$\frac{10}{50} = 20\%$$

그런데 콜옵션을 산 사람은 콜옵션의 행사로 얻은 10만원(= 60 - 50)에서 옵션구입가격 4만원을 차감한 6만원의 이익을 얻었다. 이익금액은 주식을 산 사람보다 적지만 수익률은 다음과 같이 150%나 된다. 이는 기초주식을 산 사람의 7.5배에 해당되는 값이다.

$$\frac{10-4}{4} = 150\%$$

(2) 만약 1년 후 주가가 49만원이 되었으면 주가하락으로 1만원(= 49 - 50)의 손실을 입었으므로 수익률은 다음과 같이 −2%이다.

$$\frac{-1}{50} = -2\%$$

그러나 콜옵션을 산 사람은 옵션을 행사하면 손해를 보게 되어 옵션을 행사하지 않을 것이다. 따라서 옵션은 권리가 소멸되고 수익률은 다음과 같이 −100%가 된다. 이는 기초주식을 산 사람의 50배에 해당된다.

$$\frac{0-4}{4} = -100\%$$

3.2 헤지효과

옵션을 기초주식과 결합시키면 기초주식만을 보유하는 것보다 위험을 감소시킬 수 있다. 즉, 기초주식만을 보유할 때보다 미래에 손실이 나는 경우에는 손실폭을 줄일 수 있다. 그러나 이익이 나는 경우에도 이익폭이 줄어든다. 이러한 효과를 헤지효과(hedge effect)라고 하는데 이는 앞서 설명한 레버리지효과와는 반대의 효과라고 할 수 있다.

헤지효과를 얻기 위해서 옵션과 기초주식을 결합시키는 방법은 매우 다양하다. 그 중 대표적인 방법을 소개하면 다음과 같다.

그림 10.3

주식매입과 콜매도

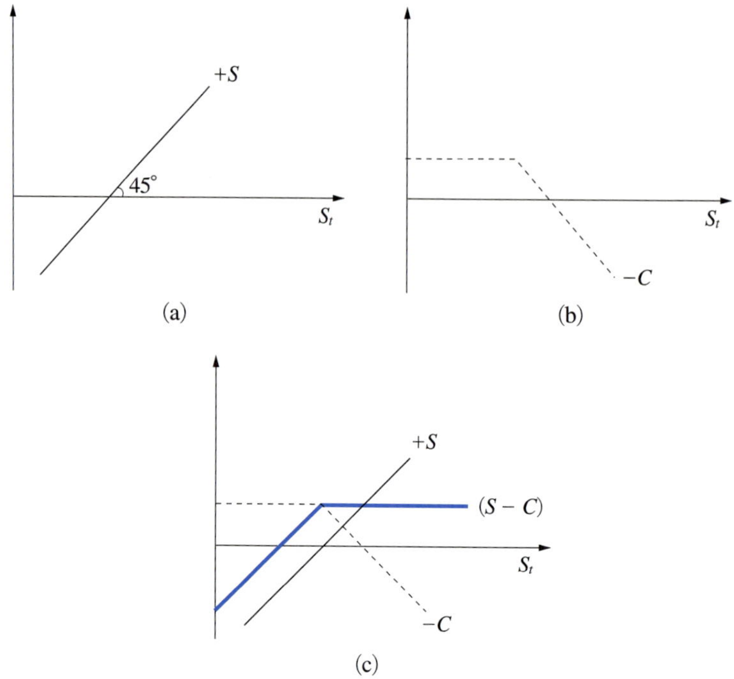

(1) 주식매입과 콜매도(S−C)

주식을 사면서 동시에 콜옵션을 판다고 하자.[1] 매입한 주식의 만기 가치는 만기주가와 동일하게 움직이므로 [그림 10.3]의 (a)와 같다. 그리고 콜옵션을 판 경우에는 [그림 10.1]에서 본 콜옵션을 산 경우와 반대의 손익을 가져다준다. 따라서 [그림 10.1]을 뒤집어 놓은 형태가 되어 [그림 10.3]의 (b)와 같다. 이 두 개의 손익을 합치면 주식을 매입하면서 콜옵션을 매도한 경우의 손익이 되는데 [그림 10.3]의 (c)가 된다.

그림(c)를 그림(a)와 비교하면 주가가 상승할 때에 이익은 줄지만 주가가 하락할 때에 손실도 줄어드는 헤지효과를 확인할 수 있다. 이

1) 주식을 사는 동시에 파는 콜옵션은 이 주식을 기초자산으로 하고 현재 주식가격을 행사가격으로 하는 것이다. 이렇게 콜옵션을 매도하는 것을 콜옵션을 발행(write)한다고도 한다. 그리고 매입은 (+), 매도는 (−)로 나타내자.

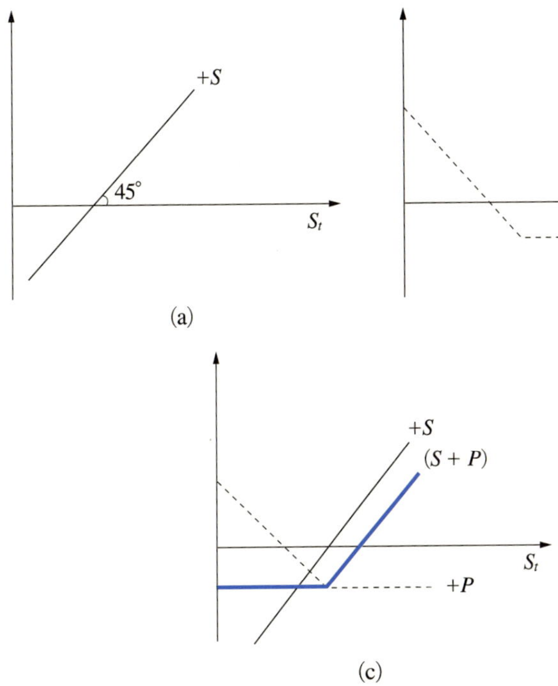

그림 10.4
주식매입과 풋매입

러한 결합형태를 covered call이라고 한다.

(2) 주식매입과 풋매입(S+P)

이번에는 주식을 사면서 이 주식을 기초자산으로 하는 풋옵션도 함께 산다고 하자. 매입한 주식의 만기가치는 [그림 10.4]의 (a)와 같다. 여기에 풋옵션을 산 경우의 손익 (b)를 합치면 [그림 10.4]의 (c)와 같게 나타난다.

역시 그림(c)를 그림(a)와 비교해보자. (c)는 (a)에 비해서 주가가 상승할 때에 이익은 조금 줄었지만 주가가 아무리 하락해도 손실은 일정한 수준 밑으로 내려가지 않는 효과가 있다. 이러한 결합을 protective put이라고 한다.

그림 10.5

헤지 포트폴리오

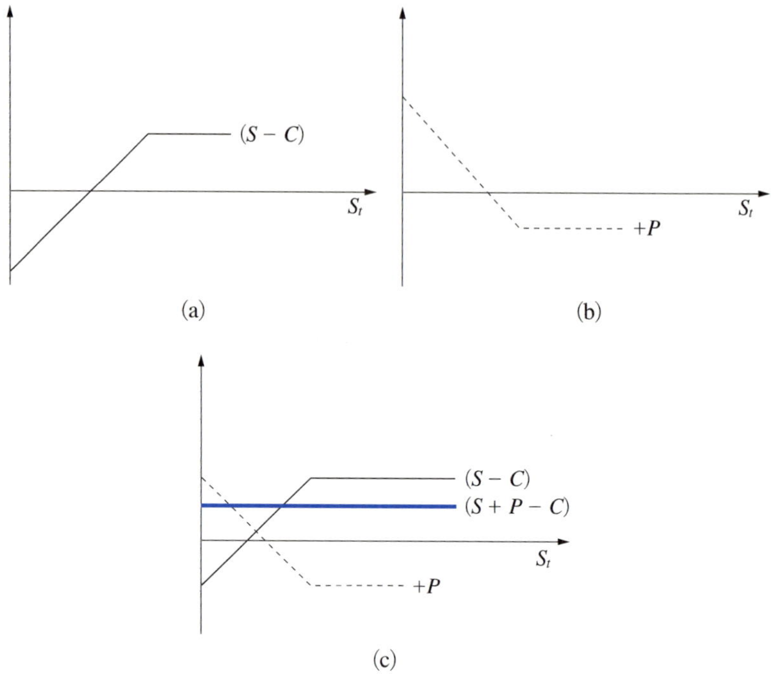

3.3 헤지포트폴리오와 풋-콜패리티

(1) 헤지포트폴리오(S+P−C)

이번에는 주식을 사면서 앞서 설명한 콜옵션매도와 풋옵션매입을 동시에 한다고 하자. 그러면 먼저 주식과 콜옵션매도를 결합한 [그림 10.3]에 풋옵션매입 [그림 10.2]를 합치면 된다. 이 그림은 다음과 같이 만기주가가 얼마이든가와 상관없이 일정한 수익을 가져다주는 손익 형태를 갖는다. 앞서의 covered call이나 protective put의 경우를 부분헤지라고 하는데 비해서 여기서의 헤지효과는 완전헤지라고 한다. 이렇게 미래의 만기주가수준과는 무관하게 일정한 수익을 가져다주는 포트폴리오를 헤지포트폴리오(hedge portfolio)라고 한다.

(2) 풋-콜패리티

앞서와 같이 주식을 사면서 동시에 풋옵션을 사고 콜옵션을 파는 방법으로 헤지포트폴리오($S+P-C$)를 구성하면 만기에 기초주식의 가격이 얼마인가와 관계없이 일정한 수익을 가져다준다고 하였다. [그림 10.5]에서 헤지포트폴리오의 만기수익이 수평선으로 나타난 것이 이를 의미하는 것이다. 그렇다면 여기서 일정한 수익이란 얼마의 값인지 확인해보자.

옵션을 매입한 경우 미래에 나타날 수 있는 상황이란 만기주가가 행사가격보다 낮은 경우와 높은 경우의 두 가지뿐이다. 각각의 경우에 만기수익을 보면 다음과 같다.

상 황	만기주가(S_t) ≤ 행사가격(X)	만기주가(S_t) > 행사가격(X)
주식매입(S)	S_t	S_t
put 매입(P)	$X-S_t$	0
call 매도($-C$)	0	$-(S_t-X)$
계($S+P-C$)	X	X

즉, 미래주가수준과 상관없이 확보된 일정한 수익이란 행사가격(X)에 해당하는 금액이다. 이는 헤지포트폴리오를 구성하면서 현재 투자된 금액이 ($S_0+P_0-C_0$)이므로 이의 미래가치는 X라는 의미이다. 따라서 다음의 식이 성립한다.

$$(S_0+P_0-C_0)\times(1+R_f)^t=X \;\longrightarrow\; S_0+P_0-C_0=\frac{X}{(1+R_f)^t}$$

여기서 미래가치 X는 확실한 금액이므로 이자율 R_f는 무위험이자율이 된다. 위 식을 풋옵션의 가격(P_0)에 대해서 정리하면 다음과 같다.

$$P_0=C_0-S_0+\frac{X}{(1+R_f)^t} \qquad \text{[식 10.3]}$$

[식 10.3]을 풋-콜패리티(put-call parity)라고 한다. 풋-콜패리티는 어떤 콜옵션의 가격을 알면 이 식을 이용해서 동일한 기초주식에 대한 행사가격과 만기가 같은 풋옵션의 가격도 알 수 있다는 의미이다.

따라서 굳이 콜옵션가격, 풋옵션가격을 따로따로 구할 필요가 없다. 즉, 콜옵션가격만 구하면 앞의 식을 통해서 풋옵션가격은 알 수 있으므로 이제부터 다루게 될 옵션가격결정모형은 주로 콜옵션가격을 구하기 위한 것들이다.

예제 10-2

가나기업의 현재주가가 50만원이다. 이에 대한 만기가 1년이고 행사가격이 50만원인 콜옵션과 풋옵션이 있다.

(1) 가나기업주식을 사면서 콜옵션을 팔고 풋옵션을 매입하였다. 이렇게 구성한 포트폴리오의 1년 후 가치는 얼마가 될까? 1년 후 가나기업주가가 40만원으로 하락한 경우와 60만원으로 상승한 경우를 비교해보라.

(2) 위의 콜옵션의 가격이 7만원이라면 풋옵션가격은 얼마인가? 단, 무위험이자율은 10%이다.

풀이

(1) 옵션을 거래한 경우 미래에 나타날 수 있는 상황이란 만기주가가 행사가격보다 낮은 경우와 높은 경우, 두 가지뿐이라고 하였다. 각각의 경우에 만기수익을 보면 모두 50만원으로 똑같은데 이는 행사가격과 같은 금액이다.

상 황	$S_t = 40$	$S_t = 60$
주식매입(S)	40	60
put 매입(P)	10	0
call 매도($-C$)	0	−10
계($S+P-C$)	50	50

(2) 현재 투자된 금액은 $(S_0+P_0-C_0)=(50+P_0-7)$이다. 그런데 이의 1년 후 가치가 50만원이라는 것이므로 다음 식이 성립한다.

$$(50+P_0-7)\times(1+0.1)=50\text{만원}$$

이로부터 풋옵션가격을 구하면 $P_0=24{,}545$(원)이 된다.

이 값은 물론 다음과 같이 [식 10.3]으로 직접 구할 수도 있다.

$$\begin{aligned}P_0&=C_0-S_0+\frac{X}{(1+R_f)^t}\\&=7-50+\frac{50}{(1+0.1)}=24{,}545(\text{원})\end{aligned}$$

4 옵션가격결정모형

이제부터 콜옵션의 균형가격(C_0)을 어떻게 구하는지 살펴보자. 이렇게 옵션의 균형가격을 구하는 모형을 옵션가격결정모형(OPM : option pricing model)이라고 한다.

재무이론의 전 분야에서 모든 자산의 균형가격은 그 자산의 미래현금흐름을 현재가치로 할인한 값이라고 하였다. 옵션가격도 마찬가지이다. 즉, 옵션의 만기가치를 현재가치로 할인하면 옵션의 균형가격이 산출된다.[2)]

콜옵션의 경우 그 만기가치는 $C_t=\max[0, S_t-X]$로 나타난다고 하였다. 이 식을 보면 결국 만기주가가 행사가격보다 높은 경우에 콜옵션의 만기가치가 양의 값을 갖는다. 따라서 이를 현재가치로 할인한 값이 콜옵션의 균형가격이 되는 것이다.

그런데 콜옵션의 만기가치를 나타내는 위 식에서 행사가격(X)은 미

2) OPM으로 구하는 균형가격은 이론적 가격이다. 따라서 실제 거래가격, 즉 시장가격과 반드시 일치한다고 말할 수는 없다. 시장이 균형상태이면 일치하는 것이고 불균형상태이면 일치하지 않을 것이다.

표 10.3
가정별 OPM

가 정	OPM
가정 1	확실성모형
가정 2	이항분포모형
가정 3	블랙숄즈모형

리 정해진 값으로서 상수항이다. 문제는 미래의 만기주가(S_t)가 불확실한 값이기 때문에 이에 대해서 나름대로의 가정을 해야 한다는 것이다. 이에 대해서 다음과 같이 세 가지로 가정을 할 수 있다.

[가정 1] 만기주가를 하나의 값으로 알 수 있다.
[가정 2] 만기주가는 두 값 중 하나의 값을 갖는다.
[가정 3] 만기까지 주가가 계속 변동하기 때문에 특정한 값으로 알 수 없다.

이러한 세 가지 가정을 근거로 하는 각각의 옵션가격결정모형을 열거하면 〈표 10.3〉과 같다.

위 가정의 내용을 보면 알겠지만 [가정 1]이 가장 비현실적이고 [가정 3]이 가장 현실적이다. 따라서 옵션가격결정모형은 [가정 1]에 근거한 확실성모형이 가장 쉽다. 그리고 [가정 2]에 근거한 이항분포모형이 이보다 좀 더 어렵고 [가정 3]에 근거한 블랙-숄즈모형이 가장 어렵다.

4.1 확실성모형

확실성모형이란 미래의 만기주가를 하나의 값으로 알 수 있다고 가정한 모형이다. 예를 들어, 가나기업의 1년 후 주가가 60만원이 된다는 것을 현재시점에서 알고 있다는 것이다. 그러면 콜옵션을 보유한 사람은 1년 후에 옵션을 행사하여 10만원(= 60 − 50만원)을 받게 된다. 이렇게 받는 10만원은 1년 후의 확실한 금액이므로 현재가치를 구하기 위해서 무위험이자율로 할인한다. 만약 무위험이자율이 10%라고 하면 콜옵션가격은 다음과 같이 90,909원이 된다.

$$\frac{10\text{만원}}{1+0.1} = 90{,}909\text{원}$$

이러한 내용을 수식으로 일반화시켜서 콜옵션가격결정식을 나타내면 다음과 같다.

$$C_0 = \frac{S_t - X}{(1+R_f)^t}$$

위 식을 보면 옵션의 가치도 결국 미래의 만기가치$(S_t - X)$를 현재가치로 할인한 값이라는 것을 알 수 있다. 그런데 미래주가를 확실한 값으로 알고 있는 확실성하에서라면 현재주가는 미래주가를 무위험이자율로 할인한 현재가치가 된다. 따라서 $S_0 = \frac{S_t}{(1+R_f)^t}$이 성립할 것이고 이를 위 식에 대입하면 다음과 같이 정리된다.

$$C_0 = S_0 - \frac{X}{(1+R_f)^t} \qquad \text{[식 10.4]}$$

이 식을 보면 콜옵션의 균형가격은 현재주가에서 행사가격의 현재가치를 차감한 구조로 나타난 것을 알 수 있다. 좀 더 복잡해지기는 하지만 이항분포모형이나 블랙-숄즈모형에서도 이러한 구조는 그대로 유지된다.

예제 10-3

가나기업 주식은 2년 후에 45,000원이 될 것이 확실하다. 무위험이자율을 10%라고 가정하여 다음 물음에 답하라.

(1) 만기가 2년이고 행사가격이 35,000원인 콜옵션의 가격은 얼마인가?

(2) 그리고 이 기업의 현재주가는 얼마인가?

풀이 ▶

(1) 2년 후 주가 45,000원이 확실한 금액이므로 콜옵션의 가치는 다음과 같다.

$$C_0 = \frac{S_t - X}{(1+R_f)^t}$$

$$= \frac{45,000 - 35,000}{(1+0.1)^2} = 8,264(\text{원})$$

(2) 확실성하에서는 미래주가를 무위험이자율로 할인한 현재가치가 현재주가가 된다.

$$S_0 = \frac{S_t}{(1+R)^t}$$

$$= \frac{45,000}{(1+0.1)^2} = 37,190(\text{원})$$

4.2 이항분포모형

(1) 개 요

이항분포모형에서는 1기 후 미래주가가 상승하거나 하락하여 두 개의 가격 중 하나로 나타난다고 가정한다. 이를 주가의 변동이 이항분포를 따른다고 말한다. 이러한 가정 역시 비현실적이다. 그러나 중요한 점은 단순한 형태이지만 미래의 불확실성을 고려하고 있다는 점이다. 다시 말하면 주가의 변동가능성을 고려하고 있다는 것이 확실성모형과 큰 차이점이다.

현재 가장 많이 이용되는 모형은 블랙-숄즈모형이지만 이는 도출과정을 이해하기가 쉽지 않다. 이항분포모형은 근본적으로 블랙-숄즈모형의 단순한 형태라고 할 수 있으므로 모형의 도출과정은 이항분포모형을 이해하면 될 것이다.

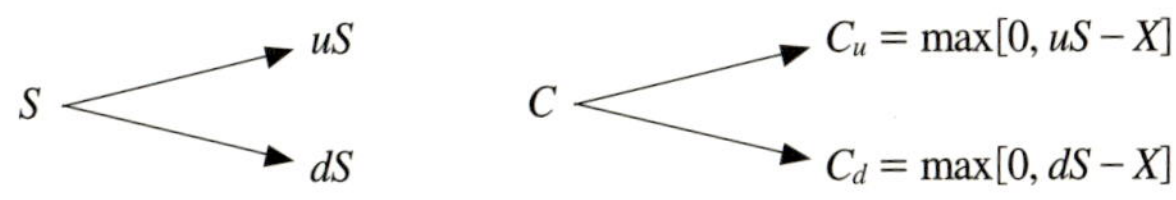

그림 10.6
이항분포에서 주가와 콜옵션가치

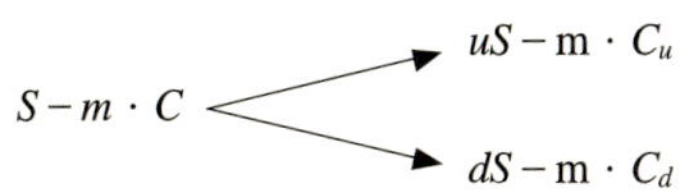

그림 10.7
이항분포에서 주식과 콜옵션의 결합

(2) 모형의 도출

우리는 앞서 옵션의 투자효과를 살펴보면서 1개 주식을 매입하고 1개의 콜옵션을 매도하는 covered call에서 부분적으로 헤지효과가 있는 것을 확인하였다. 이러한 논리를 이용해서 이번에는 주식 1개를 매입하고 m개의 콜옵션을 매도하여 완전헤지된 포트폴리오를 구성하였다고 하자. 완전헤지란 미래의 만기주가가 얼마가 되는지와 상관없이 일정한 값을 갖게 되는 것을 말한다고 하였다.

우선 현재주가는 S라고 하고 1기 후에 주가(S_t)는 가격이 상승하여 uS가 되거나 하락하여 dS가 된다고 하자.(즉, $u>1$, $d<1$라고 하자.) 그러면 만기주가와 이에 대응한 콜옵션의 1기 후 가치(C_t)는 [그림 10.6]과 같이 C_u가 되거나 C_d가 된다.

이러한 상황에서 주식 1개를 매입하고 m개의 콜옵션을 매도하여 구성한 포트폴리오의 만기가치는 어떻게 될까? 만기주가의 상승 또는 하락에 따라서 [그림 10.7]과 같은 분포를 보일 것이다.

그런데 여기서 주가가 상승하여 uS가 되거나 하락하여 dS가 된 상황에서도 포트폴리오의 가치는 똑같아야 한다. 왜냐하면 이 포트폴리오가 완전헤지된 것으로 가정했으므로 만기주가수준과는 무관하게 일정한 값을 가져야 하기 때문이다. 따라서 [그림 10.7]에서 다음 식이 성립해야 한다.

$$uS - m \cdot C_u = dS - m \cdot C_d$$

그러면 이로부터 m값을 다음과 같이 구할 수 있다.

$$m = \frac{uS - dS}{C_u - C_d} \qquad \text{[식 10.5]}$$

여기서 m값은 헤지포트폴리오를 구성하기 위해서 주식 1개에 대해 매도해야 할 콜옵션의 개수를 의미하는데 이를 헤지비율(hedge ratio)이라고 한다. 그리고 현재시점에서 $S - m \cdot C$의 투자액이 1기 후에는 $uS - m \cdot C_u$(또는 $dS - m \cdot C_d$)만큼의 확실한 금액이 되는 것이다. 따라서 균형상태에서는 무위험이자율 R_f로 계산한 $S - m \cdot C$의 1기 후 미래가치가 $uS - m \cdot C_u$가 되어야 할 것이다. 그러므로 이들 사이에 다음 식이 성립된다.

$$(S - m \cdot C) \times (1 + R_f) = uS - m \cdot C_u$$

우리는 콜옵션의 현재가격인 C를 구하려고 하는 것이다. 그러므로 위 식에 헤지비율 $m = \dfrac{uS - dS}{C_u - C_d}$를 대입한 후 C에 대해서 정리하면 다음과 같은 가격결정식을 얻는다.

$$C = \left[C_u\left(\frac{(1 + R_f) - d}{u - d}\right) + C_d\left(\frac{u - (1 + R_f)}{u - d}\right)\right] \div (1 + R_f)$$

이 식이 너무 복잡하므로 여기서 $p = \dfrac{(1 + R_f) - d}{u - d}$라고 놓자. 그러면 위 식은 다음과 같이 간단하게 정리된다.

$$C = \frac{p \cdot C_u + (1-p) \cdot C_d}{1+R_f} \qquad \text{[식 10.6]}$$

이때에 p는 실제 확률값은 아니지만 0과 1 사이의 값을 가지면서 일반적인 확률이 갖는 모든 속성을 갖는다. 그래서 p를 헤지확률(hedge probability)이라고 부른다.

헤지확률을 이용하면 1기간 후에 만기가 도래되는 옵션가격은 1기말 옵션가치의 기대값을 현재가치로 할인한 값이라고 말할 수 있다.

예제 10-4

가나기업의 현재주가는 30,000원인데 1기 후에는 36,000원이 되거나 또는 24,000원이 될 것이다. 주가의 변동은 이항분포를 따르며 무위험이자율은 연 10%라고 가정하자.

(1) 행사가격이 28,000원이고 만기가 1년 남은 콜옵션의 균형가격은 얼마인가?

(2) 가나기업 주식 50주를 보유하고 있는 투자자가 콜옵션을 이용해서 헤지효과를 얻으려면 어떻게 해야 하는가?

풀이

(1) 주식가격과 콜옵션 만기가치의 이항분포는 다음과 같다.

$$S = 30{,}000 \begin{cases} \nearrow uS = 36{,}000 \\ \searrow dS = 24{,}000 \end{cases}$$

$$C \begin{cases} \nearrow C_u = \max[36{,}000 - 28{,}000,\ 0] = 8{,}000 \\ \searrow C_d = \max[24{,}000 - 28{,}000,\ 0] = 0 \end{cases}$$

여기서 주식 1주를 매입하면서 m개의 콜옵션을 발행하여 헤지포트폴리오를 구성한다. 이의 만기가치에 대한 이항분포는 다음과 같다.

$$30{,}000 - mC \begin{cases} \nearrow 36{,}000 - m \times 8{,}000 \\ \searrow 24{,}000 - m \times 0 \end{cases}$$

헤지포트폴리오가 되기 위해서는 모든 상황에서의 만기가치가 같아야 하므로 다음 식이 성립해야 한다.

$$36{,}000 - 8{,}000 \times m = 24{,}000$$

이로부터 헤지비율 $m = 1.5$임을 구할 수 있다. 따라서 헤지포트폴리오의 현재 투자액은 $30{,}000 - 1.5C$가 되고 이의 1년 후 가치는 24,000원이다.

$t = 0$ ──────── $t = 1$

$(30{,}000 - 1.5C)$ ──── $24{,}000$

이 기간의 수익률은 무위험이자율과 동일해야 한다. 그렇지 않으면 재정거래가 발생하게 된다. 따라서 다음 식이 성립하고 이로부터 콜옵션가격을 구할 수 있다.

$$(30{,}000 - 1.5C) \times 1.1 = 24{,}000 \qquad \therefore\ C = 5{,}454{,}55(\text{원})$$

(2) 1개 주식매입과 1.5개의 콜옵션 발행으로 헤지포트폴리오를 구성할 수 있으므로 50개 주식을 보유한 투자자라면 75개(= 50 × 1.5)의 콜옵션을 발행하여야 한다.

별해

도출된 공식을 이용해서 다음과 같이 구할 수도 있다.
주식가격의 이항분포는 다음과 같다.

$$S = 30{,}000 \begin{cases} uS = 36{,}000 \\ dS = 24{,}000 \end{cases}$$

따라서 상승계수 $u = 1.2$, 하락계수 $d = .8$
이로부터 헤지확률 p를 구하면 다음과 같다.

$$p = \frac{(1 + R_f) - d}{u - d} = \frac{(1 + 0.1) - 0.8}{1.2 - 0.8} = 0.75$$

이제 주가변동에 따른 콜옵션의 만기가치를 이항분포로 나타내면 다음과 같다.

$$C \begin{cases} C_u = \max\,[36{,}000 - 28{,}000,\ 0] = 8{,}000 \\ C_d = \max\,[24{,}000 - 28{,}000,\ 0] = 0 \end{cases}$$

따라서 콜옵션의 균형가격은 다음과 같이 산출된다.

$$C = \frac{pC_u + (1-p)C_d}{1+R_f} = \frac{0.75 \times 8{,}000 + 0.25 \times 0}{1+0.1}$$
$$= 5{,}454.55(\text{원})$$

그리고 헤지비율 m은 다음과 같다.

$$m = \frac{uS - dS}{C_u - C_d} = \frac{36{,}000 - 24{,}000}{8{,}000 - 0} = 1.5$$

(3) 모형의 구조

주가의 이항분포를 가정한 상황에서 옵션가격결정식 [식 10.6]을 보면 앞서 확실성하에서 옵션가격결정식 [식 10.4]와 많이 다른 모습을 하고 있다.

그런데 이항분포의 옵션가격결정식에서 $dS < X < uS$라고 해보자. 즉, 만기에 가서 주가가 오르면 행사가격보다 높지만 주가가 내리면 행사가격보다 낮게 된다는 뜻이다. 그러면 만기에서 주가가 오르면 콜옵션의 가치는 0보다 크지만 주가가 내리면 콜옵션가치는 0이 될 것이다. 즉, $C_u > 0$, $C_d = 0$이 되어 결국 C_u만이 콜옵션의 현재가격을 결정하게 된다. 이때에 $C_u = \max[0,\ uS - X] = uS - X$이므로 이항분포의 옵션가격결정식 [식 10.6]은 다음과 같이 정리할 수 있다.

$$C = \frac{p \cdot (uS - X) + (1-p) \cdot 0}{1+R_f}$$
$$= \frac{p \cdot uS - p \cdot X}{1+R_f}$$
$$= S \cdot \left[\frac{pu}{1+R_f}\right] - \frac{X}{1+R_f} \cdot [p]$$

맨 마지막 식의 구조를 확실성모형과 비교해보자. 이 식은 확실성모형과 마찬가지로 현재주가에서 행사가격의 현재가치를 차감하는 구조를 갖고 있다는 것을 확인할 수 있다. 다만 [ ] 안의 값은 이항분포가 갖는 불확실성을 반영한 조정계수라고 생각하면 된다.

4.3 블랙-숄즈모형

(1) 개 요

현실적으로 주가는 옵션의 만기까지 연속적으로 변동한다. 이러한 주가의 연속적 변동을 가정하여 블랙(Black)과 숄즈(Scholes)가 옵션가격결정모형을 만들었는데 이를 블랙-숄즈모형이라고 한다.

블랙-숄즈모형은 확실성모형이나 이항분포모형에 비해 주가변동에 대해서 훨씬 현실적인 가정을 전제로 하고 있다. 현실적인 만큼 그 도출과정은 복잡하여 높은 수준의 수학적 지식이 필요하다.

그러나 기본원리는 이항분포모형과 동일하다. 즉, 기초주식 1개를 매입하면서 이에 대한 콜옵션을 매도하여 헤지포트폴리오를 구성한다. 그리고 이 포트폴리오의 순간적 수익률이 연속무위험이자율과 같아야 한다는 미분방정식을 풀어서 콜옵션가격을 구한다.

이렇게 해서 만들어진 콜옵션의 가격결정식은 다음과 같다.

$$C_0 = S_0 \cdot N(d_1) - \frac{X}{e^{R_f t}} \cdot N(d_2) \qquad \text{[식 10.7]}$$

단, C_0 : 콜옵션의 가격
S_0 : 기초주식의 현재가격
X : 행사가격
e : 자연로그의 밑수(2.71828…)
t : 만기까지 잔여년수
R_f : (연속복리) 무위험이자율
$N(d)$: 표준정규분포에서 $-\infty$부터 d까지의 누적확률값

그리고 [식 10.7]에서 d_1, d_2는 다음과 같이 정의된다.

$$d_1 = \frac{ln\left(\frac{S_0}{X}\right) + \left(R_f + \frac{\sigma^2}{2}\right)t}{\sigma\sqrt{t}}$$

$$d_2 = d_1 - \sigma\sqrt{t}$$

단, σ : 주식수익률의 표준편차

(2) 모형의 특징

블랙-숄즈모형은 매우 복잡한 과정을 거쳐서 도출되었지만 실제 이 모형을 이용하는 것은 그리 어렵지 않다. 이 모형을 이용할 때에 필요한 변수들, 현재주가(S_0), 행사가격(X), 무위험이자율(R_f), 만기(t), 주식수익률의 표준편차(σ)들은 모두 쉽게 관찰하거나 간단한 계산으로 구할 수 있는 값들이기 때문이다. 다만 자연로그(ln)값, 자연로그의 밑수(e) 등을 구하기 위해서는 공학용 계산기가 필요하고 $N(d)$값을 구하기 위해서는 표준정규분포표가 필요하다. 그러나 기본적으로 이들 값을 블랙-숄즈모형에 대입해서 옵션의 균형가격을 구하는 것은 기계적인 절차에 불과하므로 구조적 특징을 이해하는 것이 중요하다.

그러면 블랙-숄즈모형의 구조를 살펴보자. [식 10.7]을 자세히 보면 이 역시 기본적으로 현재주가에서 행사가격의 현재가치를 차감하는 구조를 갖는다는 것을 알 수 있다. 따라서 다음과 같이 표현할 수 있다.

$$C_0 = S_0 \cdot N(d_1) - \frac{X}{e^{R_f t}} \cdot N(d_2)$$

$$= \text{현재주가} \cdot N(d_1) - \text{행사가격의 현가} \cdot N(d_2)$$

다만 주가가 연속적으로 변동한다고 가정하기 때문에 이를 반영하여 현재주가에는 $N(d_1)$, 행사가격의 현재가치에는 $N(d_2)$라는 조정계수를 곱해준 것일 뿐이다. 이러한 구조는 확실성모형, 이항분포모형에서도 확인했던 공통된 것이다. 그리고 여기서 행사가격의 현재가치를 구할 때 $(1 + R_f)^t$로 나누지 않고 $e^{R_f t}$로 나눈 것은 연속복리계산 과정을 반영한 것이다.

예제 10-5

가나기업의 현재주가는 30,000원인데 이 주식의 수익률분산은 0.2이다. 이 주식에 대한 행사가격이 28,000원이고 만기까지는 6개월 남은 콜옵션의 가격을 블랙-숄즈모형을 이용해서 구해보자. 단, 무위험이자율은 연 10%라고 가정한다.

풀이

블랙-숄즈모형을 이용하는 절차를 다음과 같이 세 가지 단계로 요약할 수 있다.

첫째, d_1, d_2를 구한다. 단, 여기서 6개월은 $t = 0.5$년, 분산 0.2는 표준편차 $\sigma = \sqrt{0.2}$이다.

$$d_1 = \frac{ln\left(\frac{S_0}{X}\right) + \left(R_f + \frac{\sigma^2}{2}\right)t}{\sigma\sqrt{t}}$$

$$= \frac{ln\left(\frac{30{,}000}{28{,}000}\right) + \left(0.1 + \frac{0.2}{2}\right)0.5}{\sqrt{0.2}\sqrt{0.5}} = 0.53$$

$$d_2 = d_1 - \sigma\sqrt{t} = 0.53 - \sqrt{0.2}\sqrt{0.5} = 0.22$$

둘째, 표준정규분포표를 이용해서 $N(d_1)$, $N(d_2)$를 구한다.

$$N(d_1) = N(0.53) = 0.7019$$

$$N(d_2) = N(0.22) = 0.5871$$

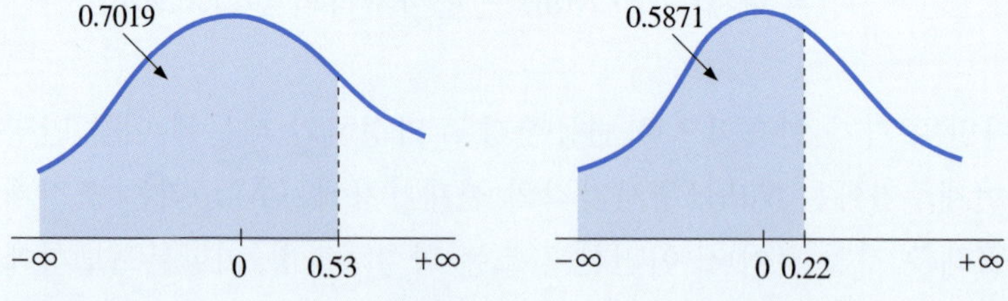

셋째, 이렇게 구한 값들을 블랙-숄즈모형인 [식 10.7]에 대입하여 콜옵션가격을 구한다.

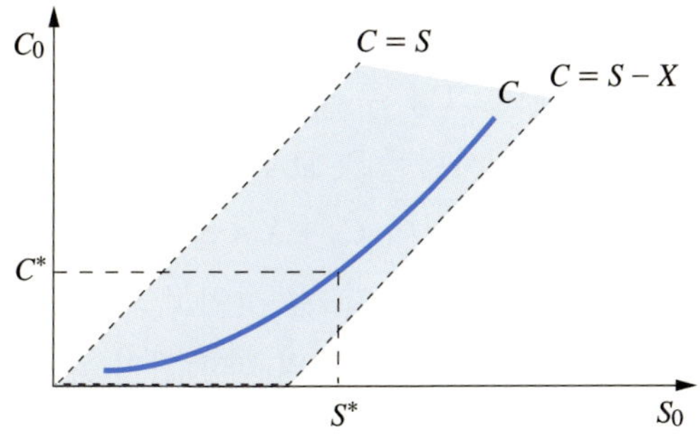

그림 10.8
콜옵션의 가격결정모형

$$C_0 = S_0 \cdot N(d_1) - \frac{X}{e^{R_f t}} \cdot N(d_2)$$
$$= 30{,}000 \times 0.7019 - \frac{28{,}000}{e^{0.1 \times 0.5}} \times 0.5871 = 5{,}420\,(\text{원})$$

(3) 그림으로 보는 OPM

위에 제시된 모형을 그림으로 나타내보자. [그림 10.8]의 색선이 [식 10.7]의 OPM을 그림으로 나타낸 것이다.

여기서 x축은 현재주가 S_0를 나타내고 y축은 이에 대응하는 콜옵션의 현재가치 C_0를 나타내는 것이다. 따라서 OPM이란 $y = f(x)$의 구조에서 $C_0 = f(S_0)$와 같은 함수를 의미하는 것이다. 만약 어떤 주식의 현재가격이 S^*라면 이 주가수준에서의 콜옵션가격은 C^*가 된다는 뜻이다.

그리고 위의 그림에서 보듯이 옵션가격은 색칠된 범위 안에서만 존재하게 된다. 그 이유를 설명하면 다음과 같다.

우선 옵션은 이익이 생길 때에만 행사할 수 있는 권리이므로 (−)값을 가질 수 없기 때문에 $C_0 \geq 0$이 성립한다.

그리고 옵션은 주식을 살 수 있는 권리이므로 아무리 옵션가격이 크더라도 주식가격보다 클 수는 없다. 그러므로 $C_0 \leq S_0$가 성립하며 S_0가 옵션가격의 상한선이 된다.

또한 만약 옵션을 지금 당장 행사할 수 있다고 해도 주식을 취득하려면 옵션을 사서 행사가격을 지불해야 하는데 이때에 드는 돈은 $(C_0 + X)$가 된다. 그런데 이것이 그냥 주식을 사는 비용인 S_0보다 적게 든다면, 즉 $C_0 + X < S_0$이라면 사람들은 모두 옵션을 사려고 할 것이다. 그래서 옵션가격은 상승하게 되어 $C_0 + X < S_0$가 그대로 유지될 수는 없다. 따라서 결국에는 $C_0 + X \geq S_0$가 될 것이고 이로부터 $C_0 \geq S_0 - X$가 성립한다. 그래서 $S_0 - X$가 옵션가격의 하한선이 된다.

제10장 | 옵 션

요약

1. 옵션은 유리할 때에만 권리를 행사하는 것이기 때문에 그 만기가치는 항상 0 또는 양(+)의 값을 갖는다.
2. 옵션에 투자하면 기초주식에 투자하는 것보다 손익의 폭이 더 크게 확대되는 레버리지효과가 있다. 반면에 기초주식에서 발생하는 손실을 막을 수 있는 헤지효과도 있다.
3. 주식매입, 콜옵션매도, 풋옵션매입으로 구성한 헤지포트폴리오 $(S + P - C)$는 미래의 상황과 상관없이 일정한 수익을 보장하는 완전헤지효과를 가져다준다. 이를 통해서 풋가격과 콜가격의 관계식(풋-콜패리티)을 구할 수 있다.
4. 풋-콜패리티를 이용하면 콜옵션가격만 알면 같은 조건의 풋옵션가격도 알 수 있다. 따라서 우리는 주로 콜옵션가격을 구하는 옵션가격결정모형(OPM)만 다룬다.
5. 콜옵션의 균형가격은 콜옵션의 만기가치(= 만기주가 − 행사가격)를 현재가치로 할인한 값이다. 따라서 OPM은 현재주가에서 행사가격의 현재가치를 차감하는 구조를 갖게 된다.
6. OPM은 주가변동을 어떻게 가정하느냐에 따라서 확실성모형, 이항분포모형, 블랙-숄즈모형으로 구분되지만 그 구조는 모두 동일하다.

종합예제

가나기업의 현재주가는 80,000원이다. 주가변동은 이항분포를 따르는데 1년 후 주가가 상승하여 92,000원이 될 확률은 0.7이고 주가가 하락하여 64,000원이 될 확률은 0.3이다. 무위험이자율은 연 10%라고 가정하자. 그리고 콜옵션의 1년 후 행사가격이 70,000원이라고 할 때 다음 물음에 답하라.

(1) 투자자는 콜옵션을 이용하여 무위험포트폴리오를 구성하려고 한다. 헤지비율을 산출하라.
(2) 이항분포모형에서의 콜옵션가격을 구하고 (1)과 같이 구성한 무위험포트폴리오의 순투자금액을 구하라.
(3) 동일한 조건을 갖는 풋옵션의 가격을 산출하라.
(4) 위 주식의 상승확률이 0.7에서 0.3으로, 하락확률이 0.3에서 0.7로 변화한다면 콜옵션의 가치는 어떻게 변화하겠는가?
(5) 현재 주식 1주를 보유하고 있는 투자자가 콜옵션과 풋옵션을 함께 이용하여 무위험포트폴리오를 구성하려고 한다. 몇 단위씩을 결합해야 하는가? 그리고 이러한 무위험포트폴리오의 순투자금액을 구하라.

풀이

(1) 1개 주식에 m개 콜옵션을 발행하여 헤지포트폴리오를 구성할 때 헤지비율 m은 다음과 같이 구한다.

$$m = \frac{uS - dS}{C_u - C_d}$$

그런데

$uS = 92{,}000 = u \times 80{,}000 \quad \therefore$ 상승계수 $u = 1.15$

$dS = 64{,}000 = d \times 80{,}000 \quad \therefore$ 하락계수 $d = 0.8$

$C_u = \max\,[0,\ 92{,}000 - 70{,}000] = 22{,}000$

$C_d = \max\,[0,\ 64{,}000 - 70{,}000] = 0$

따라서 헤지비율은 다음과 같다.

$$m = \frac{92{,}000 - 64{,}000}{22{,}000 - 0} = 1.2727$$

(2) 이때 헤지포트폴리오의 가치, 즉 순투자금액은

$$S - m \cdot C = 80{,}000 - 1.2727 \times C$$

이므로 콜옵션가격을 먼저 구해야 한다. 이를 위해서 헤지확률 p를 다음과 같이 산출한다.

$$p = \frac{(1 + R_f) - d}{u - d} = \frac{(1 + 0.1) - 0.8}{1.15 - 0.8} = \frac{6}{7}$$

헤지확률을 이용하면 다음과 같이 콜옵션가격을 구할 수 있다.

$$C = \frac{p \cdot C_u + (1 - p) \cdot C_d}{1 + R_f}$$

$$= \frac{\frac{6}{7} \times 22{,}000 + \frac{6}{7} \times 0}{1 + 0.1} = 17{,}143(\text{원})$$

따라서 헤지포트폴리오의 순투자금액은 다음과 같다.

$$S - m \cdot C = 80{,}000 - 1.2727 \times 17{,}143 = 58{,}182(\text{원})$$

(3) 풋-콜 패리티를 이용한다.

$$P = -S + C + \frac{X}{1 + R_f}$$

$$= -80{,}000 + 17{,}143 + \frac{70{,}000}{1.1} = 779(\text{원})$$

(4) 옵션의 가치는 기초주식가격의 상승확률, 하락확률과는 무관하게 결정된다. 이들 확률이 변하더라도 현재주가가 변하지 않는 한 옵션가치에는 영향을 주지 않는다.

(5) 앞의 [그림 10-5] 또는 풋-콜 패리티에서 확인할 수 있듯이 헤지포트폴리오는 $S + P - C$, 즉 1개 주식매입과 1개 풋옵션매입, 그리고 1개 콜옵션매도를 통해서 구성된다.

따라서 이의 순투자금액은 다음과 같다.

$$S + P - C = 80{,}000 + 779 - 17{,}143 = 63{,}636(\text{원})$$

11

선 물

Financial Management

옵션과 함께 선물도 대표적인 파생금융상품이다. 선물은 미래시점에 가서 상품을 인수도하지만 결제할 금액은 현재시점에서 결정되는 거래이다. 따라서 선물을 이용하면 미래시점에 가서 상품가격이 어떻게 변화하든지 상관없이 미리 정해진 가격으로 대금결제가 이루어지므로 가격변동에 따른 손실을 피할 수 있다. 그리고 미래가격의 변동을 나름대로 정확하게 예측할 수 있다면 현물자산을 거래하는 것보다 선물거래를 통해서 이익을 훨씬 크게 할 수도 있다. 이러한 선물에 대해서 기초개념부터 선물가격의 결정원리, 선물거래의 유형 등을 살펴본다.

1 기초개념

1.1 현물거래, 선도거래, 선물거래

선물거래의 개념을 정확하게 파악하기 위해서는 현물거래, 선도거래 등과 차이점을 비교하면서 이해하는 것이 좋다.

(1) 현물거래

일상적인 대부분의 거래에서는 상품을 넘겨받으면서 넘겨받는 시점의 가격으로 대금을 주는데 이를 현물거래(spot trade)라고 한다. 예를 들어, 시장에 가서 배추 한 포기를 현재가격 800원을 주고 산다면 이는 현물거래이다.

(2) 선도거래

선도거래(forwards)는 상품을 나중에 가서 받으면서 대금은 지금 약속한 가격으로 결제하는 것이다. 다음과 같은 예를 들어서 좀 더 구체적으로 이해해보자.

> 현재시점은 3월인데 갑돌이가 겨울김장을 대비해서 농부와 배추 한 포기를 12월에 1,000원의 가격으로 구입할 것을 약속했다.

위와 같은 약속이 선도거래이다. 이러한 약속을 하고나면 갑돌이나 농부는 모두 12월에 가서 배추가격이 얼마가 되더라도 상관없이 1,000원으로 거래할 것이기 때문에 두 사람 모두 앞으로의 배추가격변동에 신경 쓸 필요가 없다.

(3) 선물거래

여기서 만약 갑돌이가 8월에 이민을 가게 되었다고 하자. 그러면 갑돌이는 이러한 선도거래가 필요없게 된다. 마침 김장준비를 하지 않았던 이웃에 사는 을순이가 올해 작황이 나쁠 거라는 소식에 부랴부랴 배추를 확보해 놓으려고 한다. 을순이는 12월에 넘겨받는 조건으로 배추를 1,300원에 살 의향이 있다고 하자.

그러면 갑돌이는 농부와의 약속(이것이 선물계약임)을 을순이에게 넘겨주고 자신이 계약한 가격과의 차이에 해당하는 300원만 받는다. 그리고 을순이는 12월에 가서 농부에게 1,000원을 주고 배추를 받으면 모든 거래가 종료된다. 이처럼 선물계약을 사고파는 것이 선물거래(futures)이다.

선물계약(futures contract)은 선도계약과 같은 것이다. 왜냐하면 선물계약을 산 사람이 이를 만기까지 갖고 가서 현물을 인수하면 선도계약이 되기 때문이다. 다만 선도계약은 당사자 간에 개별적으로 매매가 이루어지고 선물계약은 표준화된 내용으로 공인거래소에서 매매가 이루어진다. 또한 선물계약은 갑돌이가 8월에 되판 것처럼 만기까지 가지 않고 중간에 되파는 경우가 대부분이다.

1.2 선물거래의 특징

(1) 관련용어

위의 배추 예를 통해서 선물과 관련된 용어와 기호를 먼저 이해하자. 우선 배추는 현물로서 선물의 기초자산이 된다. 그리고 800원은 현물가격(S_0)이고, 1,000원은 선물가격(F_t)이다. 그리고 배추를 인수도하는 시점인 12월은 선물의 만기(t)가 된다.

이와 같이 기초자산이 배추와 같은 상품이면 상품선물(commodity futures)이라고 하고, 만약 기초자산이 주식, 채권, 외화와 같은 금융자산이면 금융선물(financial futures)이라고 한다. 재무관리에서는 주로 금융선물을 다루지만 그 기본원리는 상품선물과 똑같다.

(2) 일일정산과 증거금

선물거래와 관련해서 알아두어야 할 제도로 일일정산(marking to market)이라는 것이 있다.

우선 현물거래에서 손익이 어떻게 실현되는가를 보자. 현물거래로 어떤 주식을 10,000원에 샀다고 하자. 얼마 지난 후 이 주식을 처분했는데 처분가격이 13,000원이었다고 하면 처분시점에 처분이익 3,000원까지 포함하여 13,000원이 내손에 들어올 것이다. 물론 가격이 하락하여 9,000원이 되었다면 손실 1,000원이 차감된 9,000원이 내 손에 들어올 것이다. 그러나 이러한 현물거래에서는 손익이 발생해도 처분하지 않으면 실현되지 않고 있다가 처분을 해야만 손익이 실현된다.

그런데 선물거래에서는 처분시점에서 손익이 실현되는 것이 아니라 매일 매일의 가격변동에 따라서 손익이 실현된다. 이익이 생긴 날에는 이익만큼의 금액이 내 계좌로 들어오고 손실이 생긴 날에는 손실만큼 내 계좌에서 빠져나간다. 이러한 제도를 일일정산이라고 한다.

이익이 발생한 경우에는 문제가 없지만 손실이 발생하면 손실금액이 계좌에서 빠져나가야 한다. 그런데 이때에 계좌에 돈이 없으면 선물거래에 문제가 생긴다. 그렇기 때문에 선물거래를 하는 사람은 자기계좌에 항상 어느 정도의 돈을 넣어 놓아야 하는데 이를 증거금(margin)이라고 한다.

(3) 선물거래의 손익

선물을 매입한다고 해서 선물가격을 지급하는 것은 아니다. 이상하게 들릴지 모르겠지만 선물은 대가없이 거래하는 것이다. 예를 들어, 선물가격(F_t)이 1,000원인 배추선물을 매입한 갑돌이의 경우 선물을 매입할 때에는 매입약속만 하면 된다. 선물가격 1,000원은 나중에 만기에 가서 배추를 넘겨 받으면서 지급하는 것이다.

갑돌이가 만기까지 선물을 보유하고 있다고 하자. 이 경우 만기에 갑돌이는 만기의 현물가격(S_t)이 1,000원보다 크면 큰 만큼 이익을 보

그림 11.1

선물거래자의 만기손익

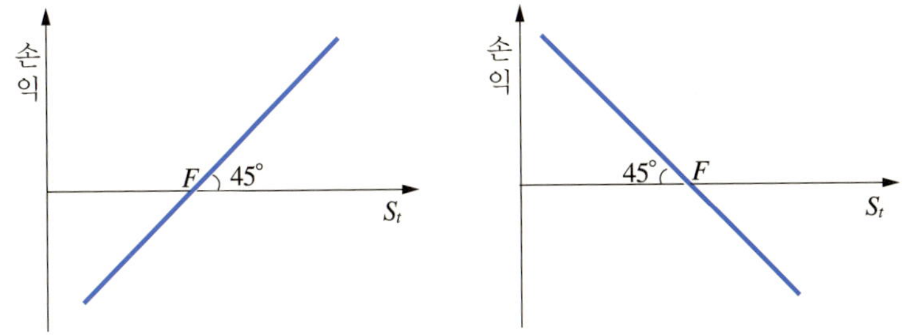

(a) 선물매입자의 만기손익 (b) 선물매도자의 만기손익

고, 1,000원보다 작으면 작은 만큼 손실을 보게 된다. 따라서 선물매입의 만기손익을 식으로 나타내면 $(S_t - F_t)$가 되며 [그림 11.1]의 (a)로 나타낼 수 있다.

옵션은 만기에 가서 자신에게 불리하면 권리를 행사하지 않아도 되지만 선물은 옵션과 달리 만기에 가서 반드시 계약을 이행해야 하기 때문에 이익은 물론이고 손실도 발생할 수 있는 것이다.

한편, 선물을 매도한 사람은 선물을 매입한 사람과 반대의 입장에 있다. 즉, 만기에 현물자산을 넘겨주면서 선물가격에 해당하는 돈을 받는다. 그렇기 때문에 [그림 11.1]의 (b)와 같이 매입한 사람의 손익 (a)을 거꾸로 해서 손익을 나타낼 수 있다.

선물의 균형가격 2

재무이론에서 모든 시장가격은 수요와 공급에 의해서 결정된다. 그리고 균형가격은 이론적 모형을 통해서 산출한다. 선물의 경우도 마찬가지이다. 선물의 시장가격은 선물계약에 대한 수요와 공급에 의해서 결정된다. 그리고 선물의 균형가격은 다음과 같은 보유비용모형에 의해서 산출된다.

2.1 보유비용모형

보유비용모형은 현물가격을 기준으로 해서 선물가격을 구해내는 식이다. 즉, 선물가격(F_t)은 현물가격(S_0)에 보유비용(carrying cost)을 더한 값이라는 것이다.

$$F_t = S_0 + C \qquad [식\ 11.1]$$

단, C : 보유비용

이 식을 좀 더 자세하게 설명해보자. 예를 들어서 3월 현재의 배추가격(S_0)이 800원이고 이를 지금 사서 12월까지 가져가는데 드는 비용(C)이 200원이라면 12월에 배추를 인수도하는 선물의 균형가격(F_t)은 1,000원이라는 뜻이다.

이때의 보유비용에는 보관비용뿐만 아니라 현물구입대금에 대한 기회비용까지 포함된 것을 말한다. 금융선물의 경우에는 별도의 보관비용이 들지 않기 때문에 기회비용이 곧 보유비용이 된다. 이때의 기회비용은 현물을 구입하기 때문에 포기해야 하는 이자수익으로 볼 수 있다. 따라서 그 크기를 이자율(R)로 측정할 수 있으므로 [식 11.1]을 다음과 같이 나타내기도 한다.

$$F_t = S_0(1 + R)^t \qquad [식\ 11.2]$$

이 식을 보면 선물가격의 산출식은 현물가격의 미래가치로 계산되는 구조를 갖고 있다. 재무관리에서 대부분의 가격결정식이 현재가치로 계산되는데 비해서 선물가격만은 미래가치로 계산된다. 선물가격이란 미래에 거래될 가격을 의미하는 것이므로 미래가치로 구하는 것이 당연하다고 할 수 있다.

2.2 콘탱고와 백워데이션

선물시장의 동향을 설명하면서 콘탱고, 백워데이션이라는 용어가 자주 등장한다. 이들 용어는 모두 선물가격과 현물가격을 비교하면서 사용되는 것들이다.

대개의 경우에는 선물가격이 현물가격보다 높게 형성된다. 이러한 상태는 콘탱고(contango)라고 부른다.

그런데 현물을 구입해서 만기까지 보유하다보면 현물로부터 수익이 발생하는 경우도 있다. 예를 들어, 기초자산인 현물이 주식이라든가 또는 채권이라면 이로부터 배당 또는 이자수익이 발생할 것이다. 이와 같은 경우에는 보유비용은 배당 또는 이자수익을 차감한 후의 금액으로 측정해야 정확한 값이 된다. 따라서 이러한 수익이 기회비용보다 더 큰 경우에는 보유비용이 음(−)의 값이 될 수도 있다. 보유비용이 음의 값을 가지면 선물가격이 현물가격보다 낮게 형성되는데 이러한 상태는 백워데이션(backwardation)이라고 부른다.

예제 11-1

현재 KOSPI 200이 110포인트이며 이자율은 연 10%이다. 다음 각각의 경우 1년 후에 만기가 되는 KOSPI 200 선물의 균형가격은 얼마인가?

(1) KOSPI 200에 속한 주식들에서 배당이 없는 경우

(2) 평균배당수익률이 6%인 경우

(3) 평균배당수익률이 15%인 경우

풀이

(1) KOSPI 200은 선물과 옵션거래를 위해서 한국증권거래소의 200개 주요 종목으로 산출한 주가지수이다. 1990년 1월을 기준 100으로 설정하였기 때문에 오늘 KOSPI 200이 130이라면 오늘 200개 종목의 평

균가격은 1990년에 비해서 30% 오른 값이라고 이해하면 된다.

1년 후 만기가 되는 선물가격(F_t)은 배당이 없다면 다음과 같다.

$$F_t = S_0(1 + R)^t$$
$$= 110 \times (1 + 0.1)^1 = 121 \text{(포인트)}$$

(2) 배당수익이 있는 경우에는 보유비용에서 이를 차감해야 한다. 배당수익률(d)을 반영하는 경우 선물가격을 나타내는 [식 11.2]는 다음과 같이 수정된다.

$$F_t = S_0(1 + R)^t \longrightarrow F_t = S_0(1 + R - d)^t$$

따라서 배당수익률이 6%라면 선물가격은 다음과 같이 구한다.

$$F_t = 110 \times (1 + 0.1 - 0.06)^1 = 114.4 \text{(포인트)}$$

이와 같이 배당수익률(6%)이 이자율(10%)보다 낮은 경우와 (1)과 같이 배당이 없는 경우(배당수익률이 0인 경우)에는 선물가격이 현물가격보다 높으므로 콘탱고라고 한다.

(3) 그러나 배당수익률이 15%라면 이자율 10%보다 높게 된다. 이 경우에는 선물가격이 다음과 같이 104.5포인트가 되어 현물가격보다 낮아서 백워데이션이 된다.

$$F_t = S_0(1 + R - d)^t$$
$$= 110 \times (1 + 0.1 - 0.15)^1 = 104.5 \text{(포인트)}$$

3 선물거래의 유형

선물거래의 유형은 거래의 목적에 따라서 크게 차익거래, 헤지거래, 그리고 투기거래의 세 가지로 분류한다. 차익거래는 선물가격과 현물가격의 일시적 불균형을 이용해서 이익을 얻고자 하는 거래이고, 헤지거래는 현물의 손실을 막으려고 선물을 이용하는 거래이다. 그리고 투기거래는 현물과는 무관하게 선물가격의 변동만으로 큰 이익을 얻고자 하는 거래라고 할 수 있다. 차례로 이들 거래에 대해서 자세하게 살펴보자.

3.1 차익거래

(1) 개 요

선물의 균형가격은 현물가격에 보유비용을 더한 값이라고 하였다. 그러면 선물시장에서의 실제가격도 이 값과 같을까? 이미 밝혔듯이 시장이 균형상태라면 실제 시장가격이 보유비용모형으로 구한 이론적 균형가격과 같겠지만 불균형상태라면 그렇지 않을 것이다.

불균형상태에서는 차익거래를 통해서 균형가격과 시장가격과의 차이에 해당하는 이익을 아무런 추가부담없이 얻을 수 있다. 이를 차익거래(arbitrage)라고 하는데, 선물시장에서 이러한 거래는 대개 컴퓨터로 프로그램화시켜놓고 하기 때문에 프로그램매매(program trading)라고도 한다.

(2) 내 용

선물시장에서의 불균형이란 선물시장가격이 이론적 균형가격(=현물가격+보유비용)과 다른 경우이다. 시장가격이 균형가격보다 큰 경우를 대상으로 차익거래의 내용을 설명하겠다.

앞서 예로 든 배추를 생각해보자. 3월 현재 배추가격(현물가격)은 800원이고 이것을 12월까지 가져가는데 드는 비용이 200원이라고 하면 선물의 균형가격은 1,000원이다. 그런데 12월에 넘기는 배추가격(선물시장가격)이 1,100원이라고 하자. 이는 선물의 시장가격이 균형가격보다 과대평가된 불균형상태이다.

이러한 경우에는 배추선물을 매도하면서 현물배추를 지금 800원에 사놓는다. 배추선물을 매도했다는 것은 무슨 의미일까? 이는 만기에 가서 배추를 1,100원에 팔기로 약속했다는 것이다. 그러면 현재 사놓은

표 11.1

차익거래의 기회와 유형

차익거래의 기회	차익거래의 유형
선물시장가격 > 선물균형가격	현물매입과 동시에 선물매도
선물시장가격 < 선물균형가격	현물매도와 동시에 선물매입

배추를 12월까지 갖고 있다가 1,100원에 팔면 된다. 그런데 현재 800원에 배추를 사고 이 배추를 12월까지 가져가는데 200원이 든다고 했으므로 원가는 모두 1,000원(이것이 균형가격임)이 되고 수익은 1,100원이 된다. 따라서 100원(=1,100 − 1,000)만큼의 이익을 만기에 얻게 된다. 이는 시장가격과 균형가격과의 차이와 같은 것이다.

따라서 사람들은 현물을 사면서 선물을 팔 것인데 이를 현물매입과 선물매도를 동시에 수행하는 차익거래라고 한다. 이로 인해 현물가격은 상승하고 선물시장가격은 하락하면서 최종적으로는 선물의 시장가격과 균형가격이 같게 되는 균형상태가 달성된다.

이와 반대로 선물의 시장가격이 균형가격보다 낮은 경우에는 현물매도와 선물매입을 동시에 수행하는 차익거래를 통해서 이익을 얻을 수 있다. 이러한 차익거래의 내용을 요약하면 〈표 11.1〉과 같다.

예제 11-2

어떤 자산의 현물가격은 100,000원이며 이자율은 연 10%이다. 선물거래는 만기에 가서 현물을 넘겨주거나 받으면서 계약을 이행한다고 하자. 다음 각 경우에 어떤 형태의 차익거래가 가능한가를 보고 이를 통해서 얻게 되는 재정이익을 구해보자.

(1) 만기까지 1년 남은 선물계약의 시장가격이 120,000원이라고 할 때
(2) 만기까지 1년 남은 선물계약의 시장가격이 106,000원이라고 할 때

풀이

만기 1년인 선물의 이론적 균형가격은 보유비용모형으로 다음과 같이 구할 수 있다.

$$F_t = S_0 + C$$
$$= 100{,}000 + 100{,}000 \times 0.1 = 110{,}000$$

(1) 선물의 시장가격 120,000원은 이론가격 110,000원보다 높다. 따라서 선물을 팔면서 현물을 사놓으면 된다. 이때 현물을 사는데 필요한 돈은 10%이자율로 빌린다. 그리고 만기에 가서 현물을 넘겨주면서 120,000원의 대금을 받고 이 중 110,000원은 빌린 돈에 대한 원금과 이자로 지불한다. 그러면 만기에 10,000원의 이익이 생기게 된다.

이러한 차익거래의 현금흐름은 다음과 같은 표로 나타낼 수 있다. 단, 만기시점의 현물가격은 얼마가 될지 모르므로 S_t로 표시한다.

	현 재	만기(1년 후)
선물매도와 결제	0	$120{,}000 - S_t$
현물매입	−100,000	S_t
차입 후 상환	+100,000	$-100{,}000 \times 1.1$
계	0	10,000

여기서 만기시점의 이익 10,000원은 만기의 현물가격 S_t가 얼마가 되는지 상관없이 정해지므로 현재시점에서 이익금액이 확정되는 특징이 있다.

(2) 선물의 시장가격 106,000원은 이론가격 110,000원보다 낮은 수준이다. 따라서 이번에는 (1)의 경우와 반대로 선물을 사면서 현물을 판다. 갖고 있는 현물이 없으면 빌려서 판다.[1)]

현물을 팔아서 생긴 돈 100,000원은 예금을 하였다가 만기에 가서 이자와 함께 110,000원을 찾아서 선물매입에 대한 계약이행(즉, 1년 후

1) 이렇게 물건을 빌려서 매도하는 것을 공매(short selling)라고 하는데 이를 갚을 때에는 반드시 물건으로 갚아야 한다. 따라서 공매의 경우에는 가격이 떨어지면 이익을 얻게 된다.

106,000원에 현물을 사는 것)에 사용한다. 그러면 만기에 4,000원의 이익이 생긴다.

이러한 차익거래의 현금흐름은 다음과 같은 표로 나타낼 수 있다.

	현 재	만기(1년 후)
선물매입과 결제	0	$S_t - 106{,}000$
현물매도	+100,000	$-S_t$
예금 후 인출	−100,000	$+100{,}000 \times 1.1$
계	0	4,000

여기서도 만기시점의 이익 4,000원은 만기의 현물가격 S_t가 얼마가 되는지 상관없이 정해지므로 현재시점에서 선물의 이론가격과 시장가격의 차이에 의해서 확정된다.

3.2 헤지거래

(1) 개 요

선물가격은 현물가격과 같은 방향으로 움직인다. 즉, 현물가격이 오르면 선물가격도 오르고 현물가격이 내리면 선물가격도 내린다. 보유비용모형을 나타내는 앞의 [식 11.1]과 [식 11.2]를 보면 확인할 수 있다. 선물가격과 현물가격의 이러한 관계를 이용하면 현물에서 발생하는 손실을 선물거래의 이익으로 막을 수 있다. 이를 헤지거래(hedge)라고 한다.

(2) 내 용

앞서의 배추사례에서 농부의 입장을 생각해보자. 농부는 배추를 재배하는 사람이기 때문에 현물을 갖고 있는 것이다. 농부는 배추가 다 자라서 시장에 내다 팔 때 가격(S_t)이 하락하면 손실을 본다.

그런데 농부는 갑돌이에게 선물을 매도하였다. 앞서 살펴보았듯이 선물을 매도하면 만기에 $(F_t - S_t)$만큼 이익을 얻게 된다. 여기서 12월에 배추를 넘길 때 적용되는 가격(F_t)은 1,000원으로 3월 현재시점에서 정해진 값이므로 12월 배추가격(S_t)이 하락하면 하락할수록 선물거래에서의 이익은 커지게 된다.

이와 같이 농부는 12월 배추가격이 하락하면 현물거래에서는 손실을 보지만 선물거래에서는 이익이 생겨서 손실을 커버하는 헤지효과를 볼 수 있다. 이렇게 현물을 보유하고 있는 사람이 선물매도를 통해서 손실을 막는 것을 매도헤지(short hedge)라고 한다.

이와 반대의 경우도 있다. 이번에는 갑돌이의 입장을 생각해보자. 갑돌이는 앞으로 배추가 필요한 사람이므로 배추값이 오르면 손실을 본다. 그런데 농부로부터 선물을 매입하였다. 선물매입자의 만기손익은 $(S_t - F_t)$라고 하였다. 12월 배추가격(S_t)이 오르면 오를수록 이익이 커진다. 따라서 현물에서 생기는 손실을 선물거래의 이익으로 막는 것이다. 이와 같이 현물이 필요한 사람이 선물매입을 통해서 손실을 막는 것은 매입헤지(long hedge)라고 한다.

선물은 이렇게 두 당사자 모두가 위험을 줄일 수 있는 방법이 되기 때문에 매우 유용한 것이다.

예제 11-3

현재시점은 7월인데 가나기업은 한 달 후인 8월에 10만 달러의 대금을 결제해야 한다. 7월 현재의 현물환율은 1,000원이고 9월이 만기인 달러선물(9월물)은 1,010원이다.

(1) 가나기업은 헤지를 위해서 어떻게 해야 할까?

(2) 8월에 가서 1달러가 1,020원이 되고 9월물은 1,030원이 되었다고 하고 헤지효과를 확인해보자.

풀이 ▶

(1) 달러가격(환율)이 오르면 8월에 10만 달러를 결제하면서 원화부담이 커져서 손실이 생긴다. 그런데 환율이 오르면 달러선물가격도 오를 것이다. 이럴 때에 이익을 보려면 달러선물을 사놓아야 할 것이다. 그리고 8월에 가서 10만 달러를 결제함과 동시에 달러선물을 되팔면 된다.

(2) 환율이 1,020원으로 올랐으므로 원화부담액은 10,200만원(= 10만 × 1,020)이 된다. 이는 상승 전 환율 1,000원으로 결제하는 금액 10,000만원(= 10만 × 1,000)보다 다음과 같이 200만원 증가된 금액이다.

10만달러 × (1,020 − 1,000)원 = 200만원

그런데 1,010원에 사놓은 달러선물(9월물)이 1,030원으로 상승하였기 때문에 8월에 이를 되팔면 다음과 같은 선물거래이익을 얻게 된다.

10만달러 × (1,030 − 1,010)원 = 200만원

이러한 선물거래이익을 감안하면 가나기업이 8월에 10만 달러를 결제하면서 실제 부담하는 원화금액은 10,000만원(= 10,200 − 200)으로 환율상승에 따른 손실은 없게 된다.

이 예제는 현물환율과 선물환율이 똑같이 20원만큼 변동해서 완전헤지가 된 경우이지만 현실적으로는 완전헤지를 할 수 있는 경우는 드물다. 그러나 변동액이 똑같지는 않아도 대개의 경우 변동방향은 같기 때문에 부분적인 헤지효과를 쉽게 얻을 수 있다.

3.3 투기거래

(1) 개 요

옵션은 미래에 유리한 상황에서만 권리를 행사하기 때문에 이익이 생기면 생겼지 손실을 볼 일은 없다. 따라서 옵션은 경제적 가치가 있는 것이고 이를 사기 위해서는 대가를 지불해야 한다. 이때의 대가가

옵션가격이라고 하였다.

그러나 선물은 미래 상황이 유리하거나 불리하거나 계약을 이행해야만 한다. 따라서 이익이 발생할 수도 있고 손실이 발생할 수도 있기 때문에 그 자체로 경제적 가치가 있다고 할 수 없다. 그래서 선물계약을 살 때에는 대가를 지불하지 않고 사겠다는 의사표시를 하고 나중에 이를 지키기만 하면 된다. 그러면 선물가격은 무엇인가? 선물가격은 나중에 이 가격으로 현물을 매입하겠다는 것이지 선물계약 자체의 대가가 아니다. 이러한 점에서 옵션 '가격'과 선물 '가격'에서의 '가격'은 의미가 다른 것이다.

이렇듯 선물매입은 대가를 지불하지 않아도 되기 때문에 손익의 변동가능성은 현물의 경우보다 훨씬 더 크게 나타난다. 이를 선물거래의 레버리지효과라고 하는데 투기거래는 이러한 효과를 이용하는 것이다.

(2) 내 용

선물을 매입하는 데에는 의사표시만 있으면 되는 것이고 어떤 대가도 지불하지 않는다. 그러나 일일정산으로 매입한 선물의 가격변동에 따른 손익이 실현되기 때문에 증거금은 예치해야 한다. 대개의 경우 증거금은 거래대금의 15% 정도 된다.

앞서의 배추사례에서 갑돌이는 선물가격 1,000원인 배추선물을 1계약 매입하려면 150원(= 1,000 × 15%)의 증거금을 예치해야 하는 것이다. 만약 12월 만기에서 배추가격이 1,200원이 되었다면 계좌잔고에는 정산이익 200원($S_t - F_t = 1,200 - 1,000$)이 더해진다. 이 경우 수익률은 다음과 같다.

$$\frac{200}{150} = 133.3\%$$

그러나 갑돌이가 3월에 배추를 현물가격 800원으로 샀다면 가격상승으로 인한 이익은 400원($S_t - S_0 = 1,200 - 800$)이 된다. 그러므로 수익률은 다음과 같이 50%인데 앞서 본 선물거래수익률 133.3%는 이보다 훨씬 높다.

$$\frac{400}{800} = 50\%$$

따라서 미래의 가격정보에 자신이 있는 사람이라면 현물에 투자하는 것보다 선물에 투자하여 더 큰 이익을 얻을 수 있다. 이처럼 현물을 보유하지 않은 사람이 선물만을 투자대상으로 하여 보다 더 큰 이익을 얻으려고 하는 것을 투기거래(speculation)라고 한다.

예제 11-4

만약 앞의 배추사례에서 12월의 만기가격이 예상과는 달리 700원으로 하락하였다고 하자. 이 경우 선물에 투자한 사람과 현물에 투자한 사람의 수익률을 산출해서 비교해보자. 단, 증거금은 거래대금의 15%라고 하자.

풀이

12월 만기에서 배추가격이 700원이 되었다면 선물을 매입한 사람의 경우에는 정산손실이 300원($S_t - F_t = 700 - 1{,}000$)이 된다. 증거금 150원을 기준으로 이러한 손실을 반영한 수익률은 다음과 같다.

$$\frac{-300}{150} = -200\%$$

그러나 갑돌이가 3월에 배추를 현물가격 800원으로 샀다면 가격하락으로 인한 손실은 100원($S_t - S_0 = 700 - 800$)이므로 그 수익률은 다음과 같다.

$$\frac{-100}{800} = -12.5\%$$

이처럼 투기거래의 경우에는 가격이 예상과 반대로 움직이면 그냥 현물을 사는 것보다 훨씬 더 큰 손실을 입게 된다.

제11장 | 선 물

요약

1. 선물을 매입할 때에는 매입의사만 표시하면 되고 대가지급은 없다. 다만 증거금을 예치해야 하는데 선물매입 이후의 선물가격변동이 증거금에 손익으로 반영된다.

2. 선물의 균형가격은 현물가격에 보유비용을 더해서 결정된다. 선물시장가격이 이론적 균형가격과 같으면 선물시장은 균형상태이고 서로 다르면 불균형상태이다.

3. 불균형상태 중 ① 선물시장가격>선물균형가격이면 현물매입과 동시에 선물을 매도하는 차익거래를 할 수 있고, ② 선물시장가격<선물균형가격이면 현물매도와 동시에 선물을 매입하는 차익거래로 이익을 얻을 수 있다.

4. 선물가격과 현물가격이 같은 방향으로 움직이는 특징을 이용하면 현물을 보유한 사람은 선물을 매도해서 헤지할 수 있고, 반대로 현물이 필요한 사람은 선물을 매입해서 헤지할 수 있다.

5. 선물거래에서 필요한 금액은 증거금뿐이어서 현물거래시 부담하는 금액보다 훨씬 적다. 따라서 선물가격을 정확하게 예측할 수 있다면 선물거래로 현물거래에서보다 그 이익을 훨씬 크게 할 수 있는데 이를 투기거래라고 한다.

종합예제

갑돌이는 3월 5일에 배추포기당 1,000원의 선물가격으로 12월 만기 선물계약을 매입하였다. 선물 1계약의 단위는 100포기라고 하자. 또한 거래대금을 기준으로 개시증거금률은 15%이고 유지증거금률은 10%이다. 선물가격이 3월 6일에는 1,050원으로 상승하였다가 3월 7일에는 980원, 3월 8일에는 940원으로 하락하였다.

초과증거금과 추가증거금은 즉시 인출 또는 납부한다고 가정하고 이러한 상황에서 일일정산제도하의 증거금 변동내역을 제시하라.

풀이

날짜별로 가격변동에 따른 증거금변동은 다음과 같다.

날 짜	선물가격	선물이익	증거금(1)	추가(초과)증거금	증거금(2)
3/5	1,000	0	15,000	–	15,000
3/6	1,050	5,000	20,000	(5,000)	15,000
3/7	980	−7,000	8,000	7,000	15,000
3/8	940	−4,000	11,000	–	11,000

선물가격변동에 따른 갑돌이의 증거금변동을 보면 3/6에는 초과증거금을 인출할 수 있고 3/7에는 추가증거금납부요청(margin call)을 받게 된다. 증거금(1)은 선물손익까지 반영된 금액이고 증거금(2)는 초과증거금은 인출하고 추가증거금은 납부요구시점에서 즉시 납부한 후의 최종금액이다.

종합예제

고객의 입장에서 어떤 현물자산의 매도가격은 100,000원이고 매수가격은 105,000원이다. 그러나 선물시장에서 두 가격은 동일하다. 거래수수료는 선물거래에서만 부담하며 만기시점에서 단위당 1,000원을 지급한다. 차입이자율은 연 12%이고 대출(또는 예금)이자율은 연

10%라고 하자. 재정거래기회가 존재하지 않기 위한 선물가격의 범위를 구하라.

풀이

현물매입 재정거래에서 이론상한가격을, 현물매도 재정거래에서 이론하한가격을 구한다.

① 현물매입 재정거래

	현 재	만 기
선물매도		$F-S_t-1{,}000$
현물매입	$-105{,}000$	S_t
차입 · 상환	$105{,}000$	$-105{,}000\times1.12$
	0	$F-118{,}600$

재정거래가 발생하지 않으려면 $(F-118{,}600)$이 0보다 크지 않아야 한다. 따라서 다음이 성립해야 한다.

$F-118{,}600 \le 0 \qquad \therefore F \le 118{,}600$

② 현물매도 재정거래

	현 재	만 기
선물매입		$S_t-F\ -1{,}000$
현물공매	$100{,}000$	$-S_t$
대출·회수	$-100{,}000$	$100{,}000\times1.1$
	0	$109{,}000-F$

재정거래가 발생하지 않으려면 다음이 성립해야 한다.

$109{,}000-F \le 0 \qquad \therefore F \ge 109{,}000$

①, ②에서 재정거래기회가 존재하지 않는 이론선물가격의 범위는 다음과 같이 정리된다.

$$109{,}000 \le F \le 118{,}600$$

부 록

Financial Management

〈표 1〉 미래가치계수(CVIF) $CVIF = (1+R)^n$

기간	이 자 율							
	3%	5%	7%	10%	12%	15%	18%	20%
1	1.0300	1.0500	1.0700	1.1000	1.1200	1.1500	1.1800	1.2000
2	1.0609	1.1025	1.1449	1.2100	1.2544	1.3225	1.3924	1.4400
3	1.0927	1.1576	1.2250	1.3310	1.4049	1.5209	1.6430	1.7280
4	1.1255	1.2155	1.3108	1.4641	1.5735	1.7490	1.9388	2.0736
5	1.1593	1.2763	1.4026	1.6105	1.7623	2.0114	2.2878	2.4883
6	1.1941	1.3401	1.5007	1.7716	1.9738	2.3131	2.6996	2.9860
7	1.2299	1.4071	1.6058	1.9487	2.2107	2.6600	3.1855	3.5832
8	1.2668	1.4775	1.7182	2.1436	2.4760	3.0590	3.7589	4.2998
9	1.3048	1.5513	1.8385	2.3579	2.7731	3.5179	4.4355	5.1598
10	1.3439	1.6289	1.9672	2.5937	3.1058	4.0456	5.2338	6.1917
11	1.3842	1.7103	2.1049	2.8531	3.4785	4.6524	6.1759	7.4301
12	1.4258	1.7959	2.2522	3.1384	3.8960	5.3503	7.2876	8.9161
13	1.4685	1.8856	2.4098	3.4523	4.3635	6.1528	8.5994	10.699
14	1.5126	1.9799	2.5785	3.7975	4.8871	7.0757	10.147	12.839
15	1.5580	2.0789	2.7590	4.1772	5.4736	8.1371	11.974	15.407
16	1.6047	2.1829	2.9522	4.5950	6.1304	9.3576	14.129	18.488
17	1.6528	2.2920	3.1588	5.0545	6.8660	10.761	16.672	22.186
18	1.7024	2.4066	3.3799	5.5599	7.6900	12.375	19.673	26.623
19	1.7535	2.5270	3.6165	6.1159	8.6128	14.232	23.214	31.948
20	1.8061	2.6533	3.8697	6.7275	9.6463	16.367	27.393	38.338
21	1.8603	2.7860	4.1406	7.4002	10.804	18.822	32.324	46.005
22	1.9161	2.9253	4.4304	8.1403	12.100	21.645	38.142	55.206
23	1.9736	3.0715	4.7405	8.9543	13.552	24.891	45.008	66.247
24	2.0328	3.2251	5.0724	9.8497	15.179	28.625	53.109	79.497
25	2.0938	3.3864	5.4274	10.835	17.000	32.919	62.669	95.396
30	2.4273	4.3219	7.6123	17.449	29.960	66.212	143.37.	237.38
40	3.2620	7.0400	14.974	45.259	93.051	267.86	750.38	1469.8
50	4.3839	11.467	29.457	117.39	289.00	1083.7	3927.	9100.4
60	5.8916	18.679	57.946	304.48	897.60	4384.0	20555	56348.

〈표 2〉 연금의 미래가치계수(CVIFA)

$$CVIFA = \frac{(1+R)^n - 1}{R}$$

	이 자 율							
기간	3%	5%	7%	10%	12%	15%	18%	20%
1	1.0000	1.0000	1.00000	1.0000	1.0000	1.0000	1.0000	1.0000
2	2.0300	2.0500	2.0700	2.1000	2.1200	2.1500	2.1800	2.2000
3	3.0909	3.1525	3.2149	3.3100	3.3744	3.4725	3.5724	3.6400
4	4.1836	4.3101	4.4399	4.6410	4.7793	4.9934	5.2154	5.3680
5	5.3091	5.5256	5.7507	6.1051	6.3528	6.7424	7.1542	7.4416
6	6.4684	6.8019	7.1533	7.7156	8.1152	8.7537	9.4420	9.9299
7	7.6625	8.1420	8.6540	9.4872	10.089	11.067	12.142	12.916
8	8.8932	9.5491	10.260	11.436	12.300	13.727	15.327	16.499
9	10.159	11.027	11.978	13.579	14.776	16.786	19.086	20.799
10	11.464	12.578	13.816	15.937	17.549	20.304	23.521	25.9592
11	12.808	14.207	15.784	18.531	20.655	24.349	28.755	32.150
12	14.192	15.917	17.888	21.384	24.133	29.002	34.931	39.581
13	15.618	17.713	20.141	24.523	28.029	34.352	42.219	48.497
14	17.086	19.599	22.550	27.975	32.393	40.505	50.818	59.196
15	18.599	21.579	25.129	31.772	37.280	47.580	60.965	72.035
16	20.157	23.657	27.888	35.950	42.753	55.717	72.939	87.442
17	21.762	25.840	30.840	40.545	48.884	65.075	87.068	105.93
18	23.414	28.132	33.999	45.599	55.750	75.836	103.74	128.12
19	25.117	30.539	37.379	51.159	64.440	88.212	123.41	154.74
20	26.870	33.066	40.995	57.275	72.052	102.44	146.63	186.69
21	28.676	35.719	44.865	64.002	81.699	118.81	174.02	225.03
22	30.537	38.505	49.006	71.403	92.503	137.63	206.34	271.03
23	32.453	41.430	53.436	79.543	104.60	159.28	244.49	326.24
24	34.426	44.502	58.177	88.497	118.16	184.17	289.49	392.48
25	36.459	47.727	63.249	98.347	133.33	212.79	342.60	471.98
30	47.575	66.439	94.461	164.49	241.33	434.75	790.95	1181.9
40	75.401	120.80	199.64	442.59	767.09	1779.1	4163.2	7343.9
50	112.80	209.35	406.53	1163.9	2400.0	7217.7	21813.	45497.
60	163.05	353.58	813.52	3034.8	7471.6	29220.	*	*

〈표 3〉 현재가치계수(PVIF)

$$PVIFA = \frac{1}{(1+R)^n}$$

	이 자 율							
기간	3%	5%	7%	10%	12%	15%	18%	20%
1	0.9709	0.9524	0.9346	0.9091	0.8929	0.8696	0.8475	0.8333
2	0.9426	0.9070	0.8734	0.8264	0.7972	0.7561	0.7182	0.6944
3	0.9151	0.8638	0.8163	0.7513	0.7118	0.6575	0.6086	0.5787
4	0.8885	0.8227	0.7629	0.6830	0.6355	0.5718	0.5158	0.4823
5	0.8626	0.7835	0.7130	0.6209	0.5674	0.4972	0.4371	0.4019
6	0.8375	0.7462	0.6663	0.5645	0.5066	0.4323	0.3704	0.3349
7	0.8131	0.7107	0.6227	0.5132	0.4523	0.3759	0.3139	0.2791
8	0.7894	0.6768	0.5820	0.4665	0.4039	0.3269	0.2660	0.2326
9	0.7664	0.6446	0.5439	0.4241	0.3606	0.2843	0.2255	0.1938
10	0.7441	0.6139	0.5083	0.3855	0.3220	0.2472	0.1911	0.1615
11	0.7224	0.5847	0.4751	0.3505	0.2875	0.2149	0.1619	0.1346
12	0.7014	0.5568	0.4440	0.3186	0.2567	0.1869	0.1372	0.1122
13	0.6810	0.5303	0.4150	0.2897	0.2292	0.1625	0.1163	0.0935
14	0.6611	0.5051	0.3878	0.2633	0.2046	0.1413	0.0985	0.0779
15	0.6419	0.4810	0.3624	0.2394	0.1827	0.1229	0.0835	0.0649
16	0.6232	0.4581	0.3387	0.2176	0.1631	0.1069	0.0708	0.0541
17	0.6050	0.4363	0.3166	0.1978	0.1456	0.0929	0.0600	0.0451
18	0.5874	0.4155	0.2959	0.1799	0.1300	0.0808	0.0508	0.0376
19	0.5703	0.3957	0.2765	0.1635	0.1161	0.0703	0.0431	0.0313
20	0.5537	0.3769	0.2584	0.1486	0.1037	0.0611	0.0365	0.0261
21	0.5375	0.3589	0.2415	0.1351	0.0926	0.0531	0.0309	0.0217
22	0.5219	0.3418	0.2257	0.1228	0.0826	0.0462	0.0262	0.0181
23	0.5067	0.3256	0.2109	0.1117	0.0738	0.0402	0.0222	0.0151
24	0.4919	0.3101	0.1971	0.1015	0.0659	0.0349	0.0188	0.0126
25	0.4776	0.2953	0.1842	0.0923	0.0588	0.0304	0.0160	0.0105
30	0.4120	0.2314	0.1314	0.0573	0.0334	0.0151	0.0070	0.0042
40	0.3066	0.1420	0.0668	0.0221	0.0107	0.0037	0.0013	0.0007
50	0.2281	0.0872	0.0339	0.0085	0.0035	0.0009	0.0003	0.0001

〈표 4〉 연금의 현재가치계수(PVIFA)

$$PVIFA = \frac{(1+R)^n - 1}{R(1+R)^n}$$

	이 자 율							
기간	3%	5%	7%	10%	12%	15%	18%	20%
1	0.9709	0.9524	0.9346	0.9091	0.8929	0.8696	0.8475	0.8333
2	1.9135	1.8594	1.8080	1.7355	1.6901	1.6257	1.5656	1.5278
3	2.8286	2.7232	2.6243	2.4869	2.4018	2.2832	2.1743	2.1065
4	3.7171	3.5460	3.3872	3.1699	3.0373	2.8550	2.6901	2.5887
5	4.5797	4.3295	4.1002	3.7908	3.6048	3.3522	3.1272	2.9906
6	5.4172	5.0757	4.7665	4.3553	4.1114	3.7845	3.4976	3.3255
7	6.2303	5.7864	5.3893	4.8684	4.5638	4.1604	3.8115	3.6046
8	7.0197	6.4632	5.9713	5.3349	4.9676	4.4873	4.0776	3.8372
9	7.7861	7.1078	6.5152	5.7590	5.3282	4.7716	4.3030	4.0310
10	8.5302	7.7217	7.0236	6.1446	5.6502	5.0188	4.4941	4.1925
11	9.2526	8.3064	7.4987	6.4951	5.9377	5.2337	4.6560	4.3271
12	9.9540	8.8633	7.9427	6.8137	6.1944	5.4206	4.7932	4.4392
13	10.6350	9.3936	8.3577	7.1034	6.4235	5.5831	4.9095	4.5327
14	11.2961	9.8986	8.7455	7.3667	6.6282	5.7245	5.0081	4.6106
15	11.9379	10.3797	9.1079	7.6061	6.8109	5.8474	5.0916	4.6755
16	12.5611	10.8378	9.4466	7.8237	6.9740	5.9542	5.1624	4.7296
17	13.1661	11.2741	9.7632	8.0216	7.1196	6.0472	5.2223	4.7746
18	13.7535	11.6896	10.0591	8.2014	7.2497	6.1280	5.2732	4.8122
19	14.3238	12.0853	10.3356	8.3649	7.3658	6.1982	5.3162	4.8435
20	14.8775	12.4622	10.5940	8.5136	7.4694	6.2593	5.3527	4.8696
21	15.4150	12.8212	10.8355	8.6487	7.5620	6.3125	5.3837	4.8913
22	15.9369	13.1630	11.0612	8.7715	7.6446	6.3587	5.4099	4.9094
23	16.4436	13.4886	11.2722	8.8832	7.7184	6.3988	5.4321	4.9245
24	16.9355	13.7986	11.4693	8.9847	7.7843	6.4338	5.4509	4.9371
25	17.4131	14.0939	11.6536	9.0770	7.8431	6.4641	5.4669	4.9476
30	19.6004	15.3725	12.4090	9.4269	8.0552	6.5660	5.5168	4.9789
40	23.1148	17.1591	13.3317	9.7791	8.2438	6.6418	5.5482	4.9966
50	25.7298	18.2559	13.8007	9.9148	8.3045	6.6605	5.5541	4.9995

찾아보기 INDEX

ㅈ

ㅊ

ㅋ

ㅌ

ㅍ

ㅎ

[저자소개]

〈약력〉
성균관대학교 경제학과
서울대학교 대학원 경영학석사(재무관리)
서울대학교 대학원 경영학박사(재무관리)
삼일회계법인(공인회계사)
전주대학교 교수
공인회계사시험위원
한국재무관리학회 편집위원 및 상임이사
University of Illinois at Urbana-Champaign, Visiting Scholar
한국경영교육학회 부회장
현재, 대진대학교 경영학과 교수, 사회과학대학장

〈저서와 논문〉
재무관리-이론과 응용 제5판 (경문사, 2015)
증권강의 제6판 (신론사, 2015)
선물과 옵션 제2.1판 (명경사, 2015)
"한국기업의 임원근속기간과 설비투자수준에 관한 연구"(한국재무관리학회, 1998)
"Hamada모형의 사용에 대한 이의제기"(한국경영학회, 1999)
"How to Teach M&M's Capital Structure Irrelevance Theory : A Simple Arbitrage Approach"(*Journal of Financial Education*, 2005)
"인적특성변수가 투자성과와 교육효과에 미치는 영향"(한국경영교육학회, 2013)

재무관리 혼자시작하기 - 제2판

저 자 이 의 경(李義景)
발행자 한 헌 주
발행처 도서출판 경문사
서울특별시 서대문구 독립문로 21-9
전화 738-7035 FAX. 722-4678
E-mail : kmsp@korea.com
홈페이지 : http://www.kmsp.co.kr
등 록 1995년 11월 9일 제300-1995-138호
2006년 6월 20일 초판발행
2016년 9월 26일 제2판발행

저자와의 협의하에 인지를 생략합니다

• 정가 10,000 원
ISBN 89-420-0859-9 93320